育 见

——我的教育随想录

YUJIAN

王 燕 著

黄河出版传媒集团
阳 光 出 版 社

图书在版编目（CIP）数据

育见：我的教育随想录 / 王燕著. -- 银川：阳光
出版社，2023.12
　　ISBN 978-7-5525-7202-5

　　Ⅰ.①育… Ⅱ.①王… Ⅲ.①教育−随笔−中国−文
集 Ⅳ.①G52-53

　　中国国家版本馆CIP数据核字（2023）第245504号

育　见
——我的教育随想录

王　燕　著

责任编辑　谢　瑞
封面设计　石　磊
责任印制　岳建宁

黄河出版传媒集团
阳　光　出　版　社　出版发行

出 版 人　薛文斌
地　　址　宁夏银川市北京东路139号出版大厦（750001）
网　　址　http://www.ygchbs.com
网上书店　http://shop129132959.taobao.com
电子信箱　yangguangchubanshe@163.com
邮购电话　0951−5014139
经　　销　全国新华书店
印刷装订　宁夏凤鸣彩印广告有限公司
印刷委托书号　（宁）0028831

开　　本　787 mm×1092 mm　1/16
印　　张　12.5
字　　数　200千字
版　　次　2023年12月第1版
印　　次　2023年12月第1次印刷
书　　号　ISBN 978-7-5525-7202-5
定　　价　49.00元

前　言

教育家夏丐尊说："教育没有情感，没有爱，如同池塘没有水一样。没有水就不能称其为池塘，没有爱就没有教育。"这个比喻十分贴切，生动地告诉我们博爱和真情对于教育有着多么重要的意义。

教育家陶行知先生"捧着一颗心来，不带走半根草去"，爱满天下的教育情怀，影响了一代又一代教育者，这就是教育大家留下的恒久不变的教育精神。

无论教师的教育水平和能力多么高超，没有真情，都等于零。

那么，什么是教育的真情，笔者认为无论学生怎样懵懂，教育者都要付诸真情，用智慧去唤醒和引导。

教育从来离不开智慧，因为教育本身既是智慧的活动，又是一个智慧唤醒另一个智慧的过程。正因为学生懵懂，所以需要用真情去唤醒，正因为懵懂存在，所以教育智慧才存在。

如何才能成为一个语重情长的智者并唤醒学生智慧呢？

著名教育家朱永新曾经说过：理想的教师，应该是一个勤于学习，不断充实自我的教师。学习对于头脑，就像运动对于身体一样。身体，通过不断地运动更加强壮；智慧，通过阅读等学习的活动来增长。勤于学习，充实自我，这是成为一名优秀教师的基础。一个想成为教育家的教师，必须从最基础的做起，扎扎实实地向书本学，向实践学，向同事学，向学生学。教师最重要的任务是学习，叶圣陶先生说"要做先生先做学生"。

教育者必须不断学习，只有学习，才能永不满足，只有不满足，才会一直进步。作为教育者必须不断实践，只有实践，才会有智慧的积累。

教育者必须反思，只有反思，才会有改变，只有改变，才会接纳人类的一切智慧。

"无贵无贱，无长无少，道之所存，师之所存也。"（韩愈语）教师不仅要向书本学，还要向实践学，要努力理解孩子的世界。教师要和她们一起喜怒哀乐，要和她们共同成长，要成为他们中的一分子。教师需要有一颗非常年轻的心，只有怀着"与学生一起成长"的心态，只有成为学生中的一员，才能与他们沟通，才能理解他们，才能够让自己有更加年轻的状态、更加积极的姿态，才能够得到学生的爱《中庸》总纲曰："致广大而尽精微。"让我们把博大高尚的爱和真情播撒在教育的每一个细微之处吧！

本书正是基于这样的理念，把笔者从教二十五年来的一些成长经历、教育教学体会、理论探讨、经验做法和演讲实践分享给大家，希望能为当下的教育同行传递一点启示、提供一些帮助，这就是笔者著书的最大心愿。

本书也是笔者二十五年教育实践的不断认识、不断感悟、不断提升，大多文章都是在参加论文评选、杂志书籍、讲座媒体上陆续获奖、公开发表和演讲所撰，由于受时代环境的影响和个人认识水平的制约，有些观点不一定准确，而且有些错误和不当之处在所难免，还请大家批评指正，笔者将感激不尽。

王燕

2022 年 11 月

目 录
Contents

德育
启情

让真情在学生心田流淌

——在全校班主任培训会上的演讲

俗话说：教书育人是教师的天职，它们就像一对孪生兄弟，密不可分，翻开九年的教学道路，溢满了育人的芳香。

平等当头班级融

一个班级中，最让班主任头疼、最爱给班主任惹麻烦的学生是个性迥异的学生，尤其像我的班中，这类学生为数还不少，怎么办？必须拿下。怎么拿下？唯有笼络。怎样笼络？给他平等，给他尊重。因为这类学生大多顽劣、孤僻，除了父母很少有人赏识，谁给他们当家作主，谁就会"收服"他们，而他们唯一不能自信的地方是学习，我在班级管理中就一直坚持"不以学习好坏作为评价学生的标准，为人做事的品质，是评价的标准"。怎样让这种思想深得人心呢？要有全面育人思想，对班级中的学生要知人善任，知道这些人有哪些优点，有哪些缺点，然后扬其长避其短。班上有一个女孩学习能力很差，但我发现她绘画很出色。我就让她负责班里的墙报，并且让她全权负责，给她用人权、资金支配权，充分展示其优势，使她在同学面前很有信心；每学期每个班级都要值周，其中还要负责每天眼保健操的检查，按常规，学习好的学生首当其冲。但我没有这样分配，谁愿意谁去，举手者颇多。我就一肥搭一瘦，一好搭一差，欢天喜地而去，乘兴而归还有几位学困生，我就培养他们当组长，管卫生，每一次评选优秀学生干部，也不会遗忘他们，让他们在同学面前找到自己的位置。

班主任一定要给予学生尊重，真正让学生觉得老师为他考虑、站在他的立场上帮他。班中有一位男生，属于嘴大话多、爱捣乱不遵守纪律的，安排座位时，我就让他与一文静女孩坐同桌，时间不长，秉性流露，前说后说，揪来，他也知道自己做得不好，但他也承认周围人也愿意跟他闲聊。我就问他，和谁坐才能控制自己。他说某某某行！就让他和喜欢的同学坐。可以肯定，他还是要大说特说，再揪来！依然还叫他挑选座位，不过这次他比之前稍收敛点，他从内心里觉得老

师太给他面子了，下次再揪来，他没话可说，怎样"收拾"他，他也心甘情愿。因为我用尊重取得了他对我的信任，这大概就是我们常讲的"亲其师，信其道"吧，慢慢地，使他们自觉愉快地接受我的教诲。班级凝聚力增强，学习氛围团结融洽。

　　班主任一定要给予学生希望，我们都知道"望梅止渴"的故事，其实那杨梅就是给予每个人的希望，有了希望就有信心去完成自己的任务。所以，作为老师，不要吝惜自己的漂亮语言，尤其对那些调皮捣蛋的学生。当然，希望也不能给予太大，考四五十分的学生，你给他说考六十分就完成任务。考到六十分了，你对他说，"实践证明你能行，还能不能多考点"，起码学生心中有希望。班里有一位聪明的男生，只因为贪玩成绩不太理想，我用不同的方式一直鼓励他。初三下半学期我又找他谈话，我说，你这臭小子，我真是不想见到你，你太让我伤心绝望了，每次给你父母说，你能学上来，可每次都没起色，你让我咋见你父母。"他说："老师，我现在还有希望。考上高中吗？"我也故作生气状："好呀，是我看走眼，对你寄予希望你还在这撂挑子，走走走，别让我再看到你。"学生肯定赶不走，立马给我说："老师，我好好学。"没想到中考下来，考了 539 分，高中按正常生录取走了，我想，希望的魅力还是挺大的。

严慈相济是真爱

　　我们所带的这些学生年龄还比较小，自制力是比较差的，养成良好的习惯可以尽量避免其荒废学业。所以，在完全为学生着想的前提下，我严格奉行要求，在日常行为中，对着装、行为等方面要求高，把做人与学习结合起来。尤其老师在班里和不在班里时，学生的行为要一致，个人习惯必须服从集体。

"爱在细微中。"走下讲台，我与学生又能打成一片，几句谆谆教诲使学生的心中充满了对知识的渴望，几句严厉的批评使学生懂得了是非对错。学生生病时，我在课余时间嘘寒问暖；学生情绪低落时，讲一些人生启示加以开导。与学生一起踢毽球，扯家常。运动会比赛时，与学生一起振臂高呼。用学生成绩进步打赌激励，请吃雪糕。学生亲切地叫我"燕子姐"。

唯有付出成果来

老师如想打开学生心灵的窗户，必须用真爱付出。只有付出真爱才能传递师生之间最真挚而朴实的情感，以此激励学生奋进向上。无论风吹雨打，坚持很早就到教室，督促学生早读，帮助各课代表检查作业，形成良好的学习习惯。

作为班主任，学生对我所教语文这门课都很重视，成绩也名列前茅。但我很认真地引导学生一定要全科发展，重视数理化和外语的学习。三年来，我坚持找学生谈话，问询各学科的学习情况，和家长一起商讨提高其他学科成绩的办法。坚持协助其他学科教师解决教学的问题，利用早读和午读时间组织学生学习。经过三年的付出，中考成绩出来以后，班里各科成绩斐然，学生、家长、老师都是欢天喜地。

中考前夕，班中一学生母亲病重，父亲奔波于单位和医院之间，无暇照顾学生。我发现该学生近期表现反常，与学生的父亲取得了联系，了解到这种情况，为了确保孩子中考不受影响，我与学生家长商量，该生中考备考期间由我负责，每天放学后，到我家学习，义务为学生解决学习中的问题。通过共同努力，该学生以优异成绩考取了高中，家长和学生都非常感谢我。看到自己的付出取得了成果，我也非常欣慰。

宽容总在风雨后

在平时学习和日常行为中，作为班主任，我在学习和日常行为习惯上要求是很严格的，学生难免会有失误、会犯错误，刚开始学生很害怕挨批评，心里惴惴不安。我坚持"每个人不怕犯错误，就看自己在做一件事是否认真对待。关键是犯了错以后，认识到错误的危害，怎样做才能少犯错误，甚至不犯错误"。学生是人，而且是未成年人，在成长过程中有待老师和父母去培养造就，所以每一次学生犯错，我都善待学生的失误、给他们改正的机会，因为我是教师，而不是警察。班里有一位男生经常迟到，每次他都觉得大祸临头，我却用不同的方法提醒教育，直到他自己都觉得不可原谅而我依然还在原谅他，后来迟到的次数少了，宽容使学生思考怎样做才能更好。这才是真正的帮助学生。

有时我不仅理解宽容学生的错误，更觉得要用指点迷津的睿智去化解点拨学生的错误。要把错误作为一种促进学生情感发展、思维发展的教育资源，巧妙地加以利用。有一位男生行为习惯不好，但是很聪明，每次利用他犯错误的时机，抓住他总想让我原谅他的心理，我适时地提出一些条件，比如保证有些课上认真听，一星期按时到校，下次考试提高成绩，运动会上为班争光等，促进他改变。学生之间没有被同学讥笑的苦恼，由此和谐的班风出现，使学生在思维能力、情感、态度与价值观等诸方面得到进步和发展。

感动盛载师生情

在学生给我的留言册上，学生留下这些话语："不知我们是否让老师感动过，有一点千真万确，王老师让我们感动。"我怎能没有感动？这份感动难以用语言表达，它只在不起眼的角落。细细地回头品味这

些年的点点滴滴，在回首中能感受学生的成功与失败，也能感受自己与学生在一起的快乐与成就。

在初三那一年的教师节，恰逢也是我的生日，学生不知怎么探听到这一消息，事先也没透露一点蛛丝马迹，我刚进教室，彩花从四面八方接踵而来，一阵欢呼、祝福，掌声充溢了整个教室，桌上摆放的蛋糕上写着"九六班全体学生祝王老师生日快乐"。平时只是觉得自己微乎其微，那一刻，我觉得也找到了点明星般的待遇。

我所带的班级，体育成绩在年级不是名列前茅。初三的学习任务很重，我只希望学生运动会玩好，休息好就可以，没想到学生放学之后，都自发地练习自己所报项目，我还多次劝说，不能耽误学习，学生却对我说"运动会上给我一份惊喜"。在运动会上，确实让我刮目相看，以前班里的一些空白项目，都有所提高，尤其是 3000 米选手包揽了年级的第一和第二，我在心里记下了学生的这份回报过后我自己掏钱买了 30 个夹菜饼子作为奖励，给学生动情地说："运动场上你们让我看到你们的奇迹，相信经过最后的冲刺，你们也会让我在中考场上看到奇迹我相信有了广施雨露的老师，就会有懂得反哺的学生。

在人生重要环节上，我轻轻地扶一扶学生稚嫩的肩，会给他们的一生带来影响。

　　借此，我对几年来和我搭过班的老师表示真心的感谢！不仅仅感谢各位任课老师对学生的付出，更感谢这些老师对我的帮助，对我的点拨，对我有时态度不敬时的容忍！衷心地说声"谢谢！"

2006 年 8 月

真情系于点滴 收获来自付出

——荣获兴庆区师德标兵称号后的发言稿

自参加工作以来，我就一直担任班主任，有一句时髦的话是这样说的："工作着的女人是美丽的。"每天被工作充实，每天被一些琐事缠绕，虽烦心但有时也感到挺有意思的，每逢周末或假日，竟会有些不适应，心中空荡荡的好像缺少了什么似的。因为这心中已没有任何空间装别的东西，满满的全是学生的一切：他们的喜怒哀乐，他们的酸甜苦辣……自己的情绪已随着他们而变化。这就是我担任班主任以来最深切的感受。一切工作的中心，一切生活的重心都随着他们而转移，为了这些孩子我付出了很多。

我参加工作不过十年，担任班主任时间也不算久，对许多老教师而言是新手，但我为学生积淀的这份爱却依然跟他们一样是沉甸甸的。年数不多，但我努力积累，所以也慢慢探索出一点心得，也许很稚嫩或很浅薄，但这毕竟是经过我的激情提炼的，我总是细心呵护着这点人生的真谛，因为它是我工作以来最宝贵的经验，是我工作的向导，

我得用一生的热情将它延续。

　　要当好一个优秀的班主任绝非易事。首先你得成为一个心理学家。

　　要当好班主任这个角色，你得每天与几十个不同个性不同脾性的学生交流，你得用你的真心走进他们的内心世界，用你的爱去聆听他们的倾诉。教书育人不是一年两年的事，须几十年如一日，所以要做好这份工作得花相当大的精力。我在担任班主任的期间，设置了"心语信箱"，让学生每星期都回去写一篇周记，让他们在这信箱里投上一份信任用我最真挚的爱心为他们解开心结；用我的意气风发为他们的敏感冲动一一做了解答；用我满满一页评语传达出一份沉甸甸的爱。另外对某些学生我还进行针对性的个别谈话，使他们能解除心中疙瘩，重新焕发往日风采，全身心地投入到学习当中去。今年开学初，我们班的一个女生与四班的一个男生暗生情愫，两人在传递纸条时被我发现，对这种朦胧纯洁的情感，我没有粗暴地去践踏，也没有武断地去封锁，而是耐心地找两个人谈话。由青青涩果不易摘取的苦涩到身败名裂的惨痛，从纯洁友谊有利于学习到朦胧畸恋将引上歧途，从师长父母的痛心到个人的创伤我都一一讲解给他们听，并让他们说出自己的心声，让他们彻底醒悟，直到现在两人学习都有所进步，思想上也较端正，一直相安无事班主任在平时一定得留意男女学生之间的事儿，防患于未然，该"出手"时一定得"出手"，绝不可大意。

要当好一个优秀的班主任也绝非难事，只要你是一个爱心家即可。

拥有一颗胸襟开阔、容纳一切的心胸，这可不是每个人都能做到的。现在的学生都很有个性，他们不能轻易地接受别人的责难，他们希望听到更多的赞誉。而作为一个血气方刚的年轻教师，往往很容易冲动，甚至做出有损学生人格或尊严的事来。从教十年来，处理一些矛盾时，我总是暗暗地告诉自己：别冲动，否则学生会恨你一辈子，你自己也会遗憾一辈子。所以每一次处理矛盾我都是采用不容易使双方情绪激化的批评方式，尽量使双方都能认识到事态的严重性，认识到自己的错误。总之一句话，多去体谅学生，多设身处地地替学生考虑，方能妥善处理矛盾。切忌用一种固定的有色的眼光去评判一个学生，更不应包庇、宽容那些成绩优异但犯错的学生，否则会在无形之中纵容了成绩好的学生骄横跋扈，也就在无意之中冤屈了成绩较弱的学生，伤害他们的积极性，甚至有可能使他们的心态产生一种偏激的逆反心理。有时教师的一念之差，有可能会毁了学生一生的前途。总之，以一颗爱心去包容学生，多给他们机会，多给他们信心，然后公正妥善地处理学生的矛盾，打开他们的心结，让他们之间毫无芥蒂地去相处。这样的教师方不负"灵魂的工程师"的称号，重塑灵魂的健康美好，这不是一件容易做到的事，需要我们付出一生的心血去追求，去实践。

要当好一个班主任更需要一种坚韧，一种淡泊，一种奉献。

班主任的工作需要年年岁岁的延续，延续一种不变的情结。两袖清风，坚守三尺讲台。挥洒的粉笔灰涂染了黑发，光洁的额头被无尽的牵挂雕刻成沟壑纵横，忙碌、单调、烦琐、劳累充斥了整个身心。

不管怎样，牵引的动力就是一种奉献——一种"俯首甘为孺子牛"的舍我精神。诸葛亮曾有句名言如是说："淡泊以明志，宁静以致远"，这句话我一直将它作为座右铭，时刻鞭策我前进。甘于淡泊，远离喧嚣，将全身心的爱倾注在学生的身上，用激情燃烧苦楚，让他们年轻的生命延续我那渐渐远逝的青春，在那一场持久的"接力赛"中，我愿尽我全力做一个称职的"中流砥柱"。记得大学时有一句校训："学高为师，身正为范"，也许我穷尽一生都无法更好地诠释它的真正内涵，但我绝不会亵渎它。

班主任工作繁重而琐碎，特别是转变学困生的工作，你努力地去做，用心地去做，可学生当时并不一定能理解你，体谅你，接受你，有时甚至还会故意和你唱反调，令你心力交瘁。可他毕竟只是一名成长中的孩子，他（她）需要我们给予他更多的宽容与爱。"落花尚且有情，何况人呢？"我相信，只要我们用心地与学生沟通，用爱去安抚他们的心灵，在老师和学生之间架起一座沟通的桥梁，学生一定能体会到老师的用心良苦，明白老师对他们的好。

自我担任班主任以来，每天总以一种积极的心态投入到工作当中去。班级事无巨细，必定躬亲。在此基础上积极培养学生的自觉性及班级荣誉感，班级学风浓厚，学生荣誉感较强，班干部组织管理能力较强，能在元旦汇演、拔河比赛、校运动会等方面取得不错的成绩。我在担任班主任期间，总能积极配合其他任课老师的工作，尽自己最大努力把整个班级各项工作开展得有声有色。"梅花香自苦寒来，宝剑锋从磨砺出"，我相信通过努力，我们班的这60朵小寒梅定能绽放出清新芳香。通过我的努力，全班同学团结一致，努力配合老师，相信不久的将来他们定当不负父母和老师的厚望。"无限风光在险峰"，靠着一种责任感，靠着一份信念，我想我会努力做好班主任的分内工作，为学校的发展添砖加瓦，尽自己的一份绵薄之力。

"路漫漫其修远兮，吾将上下而求索。"对教育事业的忠诚，对班主任工作的热爱，这是我前进的动力。自始至终，我都揣着一个信念：别人能做好的事，我也能做好。

我会用行动去实践我的承诺，去充实我的价值。我自信我一直以来都能以一种很踏实的工作作风去做好每一件事，"真情系于点滴，收获来自付出。"这就是我，一个热爱生命的人奉献教育的唯一理由。我会继续努力去感悟这句话的精髓。

2007 年 8 月

等待也是一种爱

那天地理考试之后，班里四名同学因心情烦闷，不顾第二天还要正常上课，更不管父母的心情，在某一饭馆四人一直喝酒至晚上十点才回家。家长很着急，晚上就给我打电话寻求解决的方法，我无语。

无语的原因不是因为没有在学校发生，我可以置之不理，不闻不问。可能因为面对那几位学生我的教育招数已尽，心中一片空白。

第二天，我依然没有想出处理的办法，但看到那几个学生低着头默默地坐在那里，可能他们已在思考，也在反思，我忽然觉得这件事已无须我再用语言行为去进行解决，让他们自己去明白的结果会比外人说服教育更深刻！我能做到的就是等待！

想起曾经看了一个小故事，一只小蝴蝶在茧中苦苦挣扎，一个人好意找来剪刀，替蝴蝶剪开了茧子，结果，蝴蝶轻而易举的出来了，可是却身躯臃肿，翅膀干瘪，根本飞不起来。故事很小很小，可我总觉得故事的作者有很多的话没有说出口来：一个人，因为一番好意，剪开了蝴蝶的茧子，却毁了那只本该美丽，本该快乐，本该拥有美好

未来的蝴蝶的一生。

一些人，也正因为这样那样的好意，做着这样那样的傻事……

恐怕老师是最有可能做这种傻事的人了。而且，老师的一切行为都有一个十分正当的理由：都是因为爱。

因为爱，我们责骂孩子；因为爱，我们安慰孩子；因为爱，我们催促孩子思考，催孩子交流，催孩子交作业；因为爱，我们也要学会等待：等孩子思考出个所以然，等孩子有交流的勇气，等孩子有主动写作业的能力……

爱，可以被解读成那么多截然相反的行为。爱，也能铸成一把双刃剑——既是助人成长的力量，也是毁人于无形的利器。

所以我们要记住蝴蝶的故事，记住那苦苦的挣扎，是蝴蝶本该经历的生命历程。

有时候，等待也是一种爱！

2008 年 11 月

重视初中生心理健康发展的实践与举措

全国教育大会指出，要树立"健康第一"的教育理念。对加强健康教育进行了全面部署，学校在落实"健康第一"的要求下，学校将"心理健康发展"作为学校教育的新目标，现结合学校加强初中生的心理健康工作实践，从以下几个方面采取举措。

一、构建良好的课堂生态

七年级新生入学后还没来得及看清初中面貌，就让多学科的课程内容压过来，各学科教师普遍认为学生不适应初中教学进度，甚至有些学生零基础，面对这种学情，教师都很着急，课堂教学难免会出现盲目加速的进度，有些学生在上小学时学得就不扎实，面对初中的紧张的教学节奏，内心更惶恐不安了，易于产生焦虑情绪，心理压力会更大。有些学生甚至感到学习无助，出现放弃努力的状态。学校只有构建良好的课堂教学秩序，才能真正疏解学生进入初中后出现的心理压力。学校通过调研摸底、集体备课研讨统一思想，明确教学方向，注重以学生认知水平推进课堂教学目标完成。首先课堂教学步调需要慢下来。来自不同小学的学生获得知识层次不一，因此学校以"低起点、小步子"原则进行七年级教学实践。各学科组坚持计划引领、行动在先，先巩固六年级学习内容，再渐进教授新的教学知识。以此平稳七年级学生波动的心态。

教师普遍反映学生进入到八年级时出现上课精力不集中，课后不写作业，甚至有些学生还出现逃避厌学玩手机上瘾的现象。教育研究表明：小组讨论、实际演练、学生互教这些学习方式会大大促使学生主动学习的愿望，而且在心理学中巧用团体影响力促进学生间共同成长，取得显著效果。基于此，在授课过程中，我校提倡"教师主导、学生主体"的课堂理念，以问题、任务为导向，倡导小组合作学习方式，为学生互相交流互助学习搭建平台。每学期，学校开展"研课标、重实践"课堂展示活动，大力助力课堂中的小组合作学习，让学生带任务、想交流、共研究、同方向形成 4 人或 6 人小组学习共同体，解决疑难问题。学生间思维认知相等，更易于平等交流、互帮互助，比教师讲解方式学习效果要强。课堂中讨论交流气氛活跃，这种学习方式改善了学生心中对没有学懂知识的惶恐，舒缓了心中郁积的心结。这就是积极的情绪会唤起对学习的兴趣，提高创造力。处于初中阶段，内心渴望周围人对自己的认可，也喜欢在周围人面前表现自己优秀的一面，学生看到许多听课老师坐在自己周围，从内心中感受到受重视、被关爱，激发出内心中想要表现的欲望，其成长的自律与自觉被深度唤醒，课堂表现更积极了。从学生心理发展角度出发，构建良好的课堂生态，促进学生心理健康发展。

二、树立正确的认知观念

研究表明：认知、情绪、行为对学生成长产生较大影响，对于正处于初中阶段学生来说，社会的一些负面影响，尤其是离异家庭、单亲家庭或多或少都给学生带来偏差，心态上产生消极情绪，所以学校和教师有责任帮助学生树立正确的认知观念，从根本上消除消极焦虑、失望抑郁的情绪，用昂扬乐观的情绪带来积极向上的力量。

学校以"勤奋学习、快乐生活、全面发展"的理念为指导，围绕"扣好人生第一粒扣子"开展主题教育。利用每周升旗仪式，积极开展"敬畏生命"主题演讲，希望同学们都能树立远大理想，在逆境中学会坚强，在挫折中学会无惧，在苦难中学会成长；六一而至，七年级组织开展了"从小学先锋 长大做先锋"主题队日活动，从出队旗、唱队歌、重温入队誓词，少先队员向辅导员佩戴红领巾等系列活动，在场的师生无不肃静庄严，为实现中华民族伟大复兴的中国梦时刻准备着；为迎接中考挑战，隆重举行"追逐梦想 不负青春 励志前行"九年级师生表彰大会，激励学生要以乐观的心态应对中考，不气馁、不退缩、能吃苦、敢拼搏，为自己美好的明天拼搏到底！在这些主题教育活动中，在鲜艳的国旗映衬下，学生沉浸其中，明确思想道德方向，激发出内心的奋进情绪，勇敢无畏面对现实，积极进取。

利用班会课开展社会主义核心价值观学习领悟、诚信教育、网络安全、争做文明人等主题教育。学校要求班主任提前备好主题教育内容，以小组为单位布置任务，做到人人有担当，人人谈感受。班会课上，学生在老师指导思想引领下，结合自身言谈举止及所见所闻讲述自己的见解和看法，讲者声情并茂，听者情动于衷，没有老师的说教，有的是学生间质朴的思想交汇，让学生参与到自我教育过程中感觉到被信任、被期待，正确的认知观念潜移默化地在学生内心生根发芽。

顾明远先生说，学生成长在活动中。为减轻学生课业负担，调整学生学习紧张的步调，在中国传统清明节端午节中秋节等节日，学校严禁各学科教师布置书面作业，引导学生了解和感受中华传统节日文化，开展综合实践活动。端午节时七年级学生动手包粽子、制作精美荷包、吟诵诗词、办手抄报等；八年级学生以小组为单位进社区、到敬老院一起和爷爷奶奶包粽子过端午这些活动既锻炼了动手实践能力，又提升了组织和交往能力。学生在活动中感悟到中华民族传统节日的魅力，增强了学生的爱国意识和民族自豪感。相信学生在主动参与活动的过程中不断提升自我，定会树立正确的人生观，从而提升身心健康和积极适应外部环境的综合能力。

三、加强运动锻炼促进学生健康发展

体育运动是一种积极有效应对消极悲观情绪的方式，能够引发积极向上心理和平稳情绪体验。学校加强体育课程建设，完备体育设施，提升体育活动开展的效率，让学生爱上体育，在主动锻炼中实现体质的健康提升。

九年级学生坚持每天晨跑，以班级为单位，听着哨声、喊着口号，坚持既定的目标，向前跑。课间操时转换成跳绳运动，体能训练后，每人一根绳，在空中舞动。九年级体育训练一直坚持到中考前期，在跑步和跳绳中坚定学生的目标，提升身体素质，激发他们学习内驱力，为迎接中考奠定了良好的身心素质。七八年级学生利用大课间，开展集体韵律操展示，随着激越的音乐，要求动作幅度大，规范标准高，学生从微微出汗到大汗淋漓，消解了学习课程知识的疲劳。当转换到舒缓音乐时，动作适宜，身心处于放松状态，轻松缓解了学生的情绪和压力。

学校体育赛事活动有序开展，丰富体育运动方式。在学生考试后，以年级为单位带到学校附近的公园里开展"励志奋进跑 做合格多能学生"的环公园跑步，每人按照既定路线进行大约4公里的跑步，最终成绩计入班级总成绩，学生积极参与其中，前呼后唤，不让一个学生掉队。在运动跑步中形成班级凝聚力，建立良好同学情谊，在运动中收获成功的体验，促进学生爱上体育锻炼。学校形成了系列跑步规划，坚持每学年在五一、十一、元旦前如期开展"砺志奋进跑"活动。让运动成为学生持久长远的习惯，终身助力身心健康学校特意购置可以团建活动的器具，如：疯狂毛毛虫、同舟共济、众星捧月、大脚怪接力等团建器具，开展"我运动、我快乐、我健康"的趣味运动会。在年级间班级进行友谊赛，培养团队合作精神，展现学生风采，在活动中让学生体验"竞争与合作，对抗与交流"的思想，以健康的身体心理素质投身于学习生活中。

四、重视家校合作不断协同育人

学校的责任不仅要教学生还要教家长，学校以家长学校、开办讲座、

座谈交流的方式与家长沟通。首先要让家长明白学校育人目标是什么，为何要开展如此活动，活动如何开展，指导家长应该怎样做，只有家校合作的方向一致，家校共育的功效才会合力。其次，针对不同年级的学生出现心理情绪波动的共性和不同之处，梳理要点，提醒家长和孩子相处时要关注和注意的地方。如：孩子缺少家人陪伴出现孤独情绪，父母关系影响孩子的心理变化，孩子间正确的人际交往，二孩或多孩家庭孩子偏爱现象，离异家庭对孩子的成长影响等现象问题学校要及时和家长交流，引起家长重视，及早化解孩子心中的矛盾纠结心理。在和家长沟通的过程中可以进一步增进家校间互相理解。还有以学校名义向老师发出倡议开展家访活动，尤其走近班级特殊孩子的家庭和父母、孩子交心，老师和家长共同形成正确全面看待孩子的观点，这样的家访活动，取得家长和孩子的信任，相信学生的心理会变得越来越自信、阳光。

重视学生心理健康发展，加强学校心理健康教育是一项长期而艰巨的任务，学校要本着对社会、家长、学生负责的态度，创新心理健康教育实践，坚持把健康教育做得更实，努力让学生成长得更好。

注：本文发表在学术期刊《名师在线》2021年第4期上。

发挥家访作用 重视家校合作

——银川二中教育集团初中校区家访教育作用有感

"家访"，就是学校教师深入学生家庭中，通过与学生家庭成员沟通交流，全面了解学生的家庭教育及在家庭生活的表现，同时把学生在校情况反馈给家长。近年来，由于电话、互联网的广泛使用，老师们懒于走动，家访次数就少了。因此，我们有必要重视家访在教育教学中的重要地位和积极作用。本人自 2013 年调入银川二中教育集团初中校区工作，六年来辗转于北塔校区、滨河校区、二十中校区进行教育教学管理和交流。每个校区学生的家庭、家长情况大有不同，但相同的一些教育举措成效都斐然，就如每一校区都大力开展家访活动，要求广大教师真正走进学生家庭，与学生家长亲切交流家访活动不仅有助于学校教师了解学生的家庭状况，理解学生在校行为举止的家庭根源，而且还能赢得家长支持，形成家校合作共建信任的良好教育氛围这种家访活动，是银川二中集团化初中校区办学的一大亮点，更是新时代对义务教育阶段教育传统的继承和发扬。

一、家访的教育作用丰富而深远

（一）家访是向家长宣传新时代教育政策的主要途径

每一校区开展全员家访活动，号召全体教师家访前都要进行新时代教育政策的熟知学习，向学生家长解读有关教育理念，有利于学校贯彻落实新教育政策营造良好的家校合作氛围。落实教育政策也是学校教师工作的一项重要长期任务。在不同校区家访中，走访的家庭不一样，家长对教育政策领会了解就会不一样。北塔校区的家庭许多家长是公职人员，对教育政策的解读很清楚，多疑惑在学校落实教育政策上的一些措施和方法上，如学校课程开设是否能满足学生的个性发展、学校校园文化的内涵发展对学生的影响、信息技术在课堂上的应用、学校社团活动的开设情况、学生在校阳光体育活动的保障等，这些无疑是对学校办学、教师教学的一种鞭策；滨河校区的学生家庭基本是失地移民和来自不同省区县农民进城务工人员，对教育政策及家庭教

育理念是模糊的，如义务教育阶段学生应享受哪些政策；家庭应该承担教育孩子的义务，重视青少年心理健康发展，重视阅读促进成长，合理饮食提高身体素质等问题，这都需要学校家访时教师耐心的讲解和宣传，才能真正让打工族和失地移民群众享受到教育的公平性，响应努力办好人民满意教育的宗旨；二十中校区的学生家庭主要是进城务工人员，多年在城乡接合带打工摆摊人员，养家糊口为生，居所不定。但为了让孩子能享受到城市的优质教育，多年蜗居在城市中辛苦辗转，为了稳定这部分社会人群的生活环境，这更需要学校多宣传新时代教育政策和精神宗旨。如为了享受公平教育资源教育部门采取划片区就近入学的方法，家长陪护孩子成长的重要性，义务教育阶段贫困生资助条件，学生研学活动等问题家访教师都会耐心给予解答，由于家访教师耐心地向家长讲述了学校办学特色，教育教学成果等基本情况家访教师也适时把新时代教育政策给家长耐心传达，达到家校合作的预期效果。

（二）家访是家校之间建立信任与合作的连心桥

新时代教育倡导立德树人，但是在学生学习习惯、言谈举止的表现与认同上，学校和家庭之间却不一致，我所工作的几个校区经常会出现家长不支持学校开展活动、不理解有些教师教育学生的做法，经常会出现投诉学校和教师的状况，造成家长和教师间误解，家校之间的关系一度紧张，不利于学校教育教学正常有序开展。

几个校区通过家访，与学生家长之间建立起了良好交流沟通的氛围，走进学生家里，了解家长对孩子的想法，解决家长在教育孩子时的许多疑惑。促进孩子德智体美劳全面发展，能够最大程度与家长在态度行动目标上保持一致。进行家访前，我们教师都做了充分的准备，对被访学生的情况做了全面的了解，在保护学生的自尊心和积极性的前提下，与家长和谐交流。让家长全面了解孩子在课堂上、活动时、言谈间的表现，教师也及时了解学生在家的学习生活状态，发现学生平时在学校未曾发现的一面，不失时机地与家长一起鼓励、赞赏、学生的言行，共同商量解决孩子出现问题的办法，达成了家校合作的友好方式。家访过程中学生从忐忑不安到满心期盼，家长从保留客气到敞开心扉，家访教师从遵从安排到感悟内化，家长学生老师间的点滴变化无不感动着家长，激励着学生家校间的距离近了，越来越多的家长对学校教育理解了，就会对教育政策更加认同了！

家访时，教师们针对孩子平时的在校表现，和家长做在一起分析孩子行为背后的心理及成因，尤其是多胎家庭及离异家庭的孩子更是教师们关注的重点，从心理变化至性格特点都和家长开诚布公地说出来，真诚地提出能够解决孩子问题的办法，让家长感到教育孩子自己肩负的责任，更让家长感到教师真心实意帮助孩子健康成长，解决了家长心中教育孩子的困惑，家长对老师们上门家访做法深受感动，家长也更深层次理解了教师的做法，增强了家长对孩子教育的责任意识和对学校教师的信任度，更好地形成家校合力共同育人的良好局面，家长、教师和学校之间在孩子教育问题上的相互理解、目标一致，是一切成功教育的基础条件。几个校区家访活动促使家长更多地参与到学校的教育教学管理中来，更有信心地同学校教师携手办好学校的教育。

（三）家访有助于唤醒教师内心良知和责任

我们教师所从事的教育教学是一项专业性工作，在个人专业成长中不仅要坚持把立德树人作为根本任务来施教，还需要来自学生家庭的大力支持与充分肯定。学校家访活动是建立和改善家长支持与认同教师工作的有效途径，尤其是对提振教师精神，激发教师正能量，促使教师更有激情地开展工作有很大的帮助。

每次家访都是在下班之余，一个班的三四位任课教师与华灯月光相伴，家访的孩子性格迥异、家庭不一，着实深深触动每位教师内心。

致 辞

2006级毕业典礼作为教师代表的致辞

尊敬的各位领导，各位老师，同学们：

大家好！

今天是个难忘的日子，对我们全体毕业生来说，更是一个铭记我心的日子。我代表全体教师向圆满完成初中阶段学习任务，即将步入人生新航程的同学们表示最衷心的祝贺！

在这个庄严而又神圣时刻，请同学们把视线移向我们的班主任和各位老师，那是我们生命中举足轻重的人，是他们给予同学们最无私的关怀和奉献，引领和扶持同学们一起度过充实的初中岁月，让我们把最崇敬的目光和最热烈的掌声送给他们。

青春是一本太仓促的书。回首三年，一幕幕往事仿佛就发生在昨天。课堂上有你们聆听教诲、勤思苦读的神情，球场上有你们顽强拼搏，誓不言败的身影，晨曦中有你们琅琅读书的声音，课间操场有你们的嬉笑玩耍，就这样，我们老师和同学一起在这三年的岁月里激情燃烧。我们老师感动着你们的感动，痛苦着你们的痛苦，收获着你们的收获，成功着你们的成功，可谓同心协力，风雨同舟。在你们即将踏上新的征程，驶向理想的彼岸之时，老师有几句话语、几许期盼想跟你们说说。

不要忘了，三年里，你们父母又添了几缕白发？几道皱纹？他们的打拼，为的是给你们创造更舒心的环境。他们在默默的期待着：望穿秋水，等着你们金榜题名。

不要忘了，殷切期待中还有那一双双老师的目光。或许你曾受到过老师的呵斥，或许你遇到过被老师批评的难堪，但你永远要相信，老师黑板上书写的是心血，心中放飞的是最美好的希望，你们的成功就是老师最大的心愿。

不要忘了，漫漫人生征途，并非都是阳光普照的大道，会有荆棘和坎坷、风雨和冰霜。当你们面对困难和挑战时，带着热情与宽容面对，带着严谨与勤奋求学，带着正直与善良做人，带着温暖与勇气生活。

诗人汪国真曾说过：没有比脚更长的路，没有比人更高的山。敢问路在何方，路在脚下。你们将带着母校的期望走向漫漫征途当美丽的校园在你们眼中渐成远去的风景时，希望你们记得常回家看看，看看校园的变化，谈谈自己的感受。你们的老师将一直守望在这里，祝福着你们，期待着你们佳音回报！

祝每一位同学都有一个美好的前程！

2009 年九年级迎新年活动中致辞

同学们！先把我们的掌声送给每天为我们操劳的父母们，祝他们工作顺利，新年快乐！

再把我们的掌声送给每天为我们指导的老师们，祝他们身体健康！

家庭幸福！

也把我们的掌声送给自己，祝贺我们又长大一岁！

即将过去的 2008 年，我们有很多很多值得回味的美好日子——那曾经有过的温馨亲情，那曾经有过的同学欢笑，那曾经有过的师生情谊，那曾经有过的骄傲成绩，那曾经有过的烦恼悲伤，这些布满了我们记忆的天幕，成为一道亮丽而不褪色的青春风景。

有过摔倒，才知道跋涉的艰辛；有过磨难，才知道幸福的珍贵；有过痛苦，才知道甘甜的滋味；有过失去，才知道得来的不易。

无论你是怎样的一个人，不管你是身处落后还是成绩优异，哪怕你家有万贯还是一贫如洗，生活总是告诉我们，你今天的荣耀，不证明你明天的风光，你昨日的落后不证明你明日的不济。在温室里永远开不出娇艳芬芳的花朵，庭院里永远跑不出狂烈奔放的戎马。放弃那些该放弃的，面对新年新气象，我们应该蓄足精力，展望明天，想让自己全面发展获得成功，唯一的途径就是努力学习，不断进取，完善自我。

同学们，把眼光看远一点，把理想放大一点，把追求拓宽一点。为自己寻找一条新的起点，只要脚下有路，只要心中充满希望，我们就会有信心找到自己的人生坐标，我们前进的路就会越走越通畅，越走越明亮，越走越宽广！

在新的一年里，让我们家长老师同学一同种下新年希望的种子，朝着自己梦想义无反顾一步步走下去。相信灿烂的前景会向我们招手！

2020 届学生毕业典礼致辞

日月如梭赶少年。今天，我们在这里隆重举行毕业典礼，共同庆祝九年级同学圆满完成法定的义务教育，也为即将开启的中考之旅加油鼓劲。

在今天，每一位九年级同学都将把自己最好的一面留给母校，留给老师，留给学弟学妹们，展现出一种从未有过的风度与气质。因为三年的时光，你们的身体长高了，知识丰富了，友情增多了，品德提高了！我代表学校对全体九年级同学表示热烈的祝贺，更要对全体九年级老师们道声真诚的谢谢！因为有你们的尽心尽力、辛勤付出才有了学生的成长！

我提议，让我们以最热烈的掌声献给那些含辛茹苦、默默奉献、严加要求我们的父母和老师们，表达我们的一颗诚挚的感恩之心！

我们学校是银川二中教育集团的一个校区，在我们教学楼楼面上就张挂着"励志 奋进 合格 多能"的校训，引导着每一位师生的"内养"和"外塑"。我认为这四个词语是我们终身受用的！

同学们，你们即将书写新的人生篇章，也许你读普通教育的高中，也许你读职业教育的高中，也许你读中等专业学校，但千万不要丢弃自己的志向，无论走到何处，都要以志立身，砥砺品性，坚定志向，不断提高自我适应能力，实现自我价值。不管什么时候，都要运用父母给我们的聪明大脑，用心思考，不要被眼前的表象迷惑了自己，别让眼前的虚象迷失了人生航向。要清楚人生的道路，绝非一路坦途，无论顺境还是逆境，都不要停下你们前行的脚步，永葆一颗奋进的心！不管生活中遇到什么突如其来的变化，对生活都要有乐观奋进的热情，才会有更多的希望和机会出现！希望在不久的将来，能看到你们在各行各业中的奋发有为。

我们每个人作为社会人，都要遵守规则，养成良好习惯，用自己自觉自愿的"合格"行为习惯爱自己、爱家人、爱社会！要学会感恩，与人为善；要珍惜师生情，同窗谊；面对平淡的生活，多才能、有兴趣把平凡的事情做得有滋有味、有声有色。

同学们，其实这个世界很公平，你人生的每一步都是在为未来铺路。

世上没有一蹴而就的成功，只有日积月累地坚持。十几岁时所经历的困难和练就的毅力，才有可能使你拥有今后的成就。只有扛得住梦想，才能配得上梦想！愿你们经过泥泞，都能见到更耀眼的风景！

今天的毕业典礼不是结束，而是人生旅途的又一个崭新的开始。正值青春的你们应该知道：青春永远和奋斗和梦想相连接，青春应该拥有诗和远方，生逢大时代，有梦方精彩，责任永在肩，风起再扬帆。我希望每一位同学在未来生活中做一个幸福的追梦人！

同学们，典礼结束后，你们就要回家了，好好休整，洗个透彻的澡，睡个透彻的觉，不要吃得太饱，不要到处乱跑，因为我们还要中考。请你静下心来思考，想想各门学科的知识体系，公式原理，解题技巧，想多少是多少；放松心情！从容走上考场！

真诚祝愿同学们中考取得骄人的佳绩，考上理想的学校，真诚感谢九年级家长对学校的大力支持！真诚感谢九年级全体老师们的辛苦付出！

最后，我再一次衷心祝福全体毕业生鹏程万里，祝愿学校更加兴旺发达！

第 37 个教师节致辞

金秋送爽，桃李沁香，我们迎来了第 37 个教师节，这个节日，是对教师最高的褒奖，是对教师为社会作出贡献的最大肯定。在这里我代表学校向坚守在教育岗位，无私奉献的全体教职员工致以节日的祝贺和诚挚的问候！感谢大家对学校的发展，对学生教育所付出的辛勤劳动和作出的突出贡献！祝我们老师节日快乐！工作顺心！身体健康！

近三年来在银川二中教育集团的指导和关怀下，我校教育质量名列兴庆区公办中学前列，向社会和家长交了一份满意的答卷，得到社会各界的认可，这是每一位老师心系学校、全心全意服务学生，用奋发有为、自强不息的精神致力于教育教学工作的结果，这样的成绩不仅是对老师工作的最大肯定，也为学校注入了勇往直前的动力，更是为建党100周年献上了一份厚重之礼！

百年大计，教育为本。教育大计，教师为本。中国共产党建党100年，也是我国教育大发展、大变革、大跨越的100年，我们党高度重视教育事业，在全社会提倡尊师重教的风气，领袖毛泽东在青少年时代从他的老师那里不仅学会了知识，更学会了做人，毛泽东同志也始终没有忘记对他帮助教育的老师们，他继承发扬光大了中华民族尊师重教的光荣文化传统，堪称一代典范。党的十八大以来，习近平总书记高度重视教师队伍建设，深情牵挂着耕耘于三尺讲台的全国1700多万名教师，在不同场合多次强调发展教育的重要意义，对教育工作提出了一系列富有创见的新理念新思想新观点，为教育强国建设指明了方向。正如习近平总书记所言："今天的学生就是未来实现中华民族伟大复兴中国梦的主力军，广大教师就是打造这支中华民族'梦之队'的筑梦人。"激励广大教师热爱教育、奉献教育，忠实履行教育职责，争做"四有"好老师，弘扬尊师重教良好社会风尚。

同学们，在你们身边就有许多"四有好老师"，既有临近退休依然能在讲台上妙语连珠、激情四射的老教师，也有年轻有为、无私奉献的青年教师，有从早到晚陪伴我们的班主任，还有不辞辛苦、不遗

余力将知识耐心细致地传授给大家的任课老师，有为你们成绩落后而着急不免疾言厉色的老师们，有为你们积极向上而高兴，激励你们前行的老师们。

朝阳中是老师迎接你们到校，夕阳下又是老师送你们离校，日复一日，年复一年，老师们把平凡的工作做到了极致，公而忘私，默默无闻，培育一届又一届学生。但你们想过吗，你们的老师还是家庭的妻子、丈夫，孩子的父亲、母亲。他们一天中有时间陪伴自己的孩子吗？班主任老师接送自己孩子上幼儿园和学校都成了一种奢望，当老师遇到头疼脑热、身体不适时还要坚持着把课先给学生上完后才考虑自己的身体。老师们每天除了上课之外还要苦口婆心教育学生，说尽了话，用尽了心，而老师们回到家中对自己的孩子却没有了耐心和陪伴。同学们，老师们背后不为人知的辛酸你们知道吗？理解吗？所以今天，我们要用华丽的词语赞美他们！用芬芳的鲜花装扮他们！用热烈的掌声祝福他们！我提议，让我们把老师的每一滴恩情都记在心上，让我们将最动人的祝愿送给老师，让我们以雷鸣般的掌声赞誉老师们孜孜不倦、无怨无悔的教育情怀！

作为校长希望同学们不仅仅在今天对老师祝福，而要在平时用自己端正的态度、良好形象、美好心灵理解尊重老师、感恩老师。无论

是你们生病时老师无微不至的关怀，还是在你们犯错误时进行暴风骤雨式的批评，还有每天不厌其烦的叮咛。这一切一切，都会化作最美好的瞬间留在记忆中，"老师好"这三个字，代表着学生对老师最朴素和最崇高的敬意，让尊师重教真正成为我们校园的风气！

希望老师们不忘立德树人初心，牢记为党育人、为国育才使命，积极探索新时代教育教学方法，不断提升教书育人本领，为培养德智体美劳全面发展的社会主义建设者和接班人作出新的更大贡献。做心中有爱，眼中有光的好老师，用我们的人格魅力培育一代又一代学生！

最后，再次祝福老师们春华秋实、桃李芬芳！更祝愿银川二中教育集团蓬勃发展、前程似锦！

2022 年新年致辞

各位老师、各位同学：

时光荏苒，岁月鎏金！2021 年全球疫情持续蔓延，庆幸的是我们生活在中国，被强大的国家守护着，挺过最危险的黑暗时刻，迎接过清零的高光时刻，保护好自己，就是保护你爱的人，保护这个世界；2021年中国航天继续书写辉煌，"羲和"探日、"天问"奔火，中国人首次进入自己的空间站，为中国航天打卡，为我们民族自强不息奔赴星辰大海而骄傲；2021年东京奥运会很多中国00后的体育健儿奋力拼搏、为国争光的表现记忆尤深，2022年中国接过奥运火炬，已准备好在这一年惊艳世界，相信我们定会创造历史，令世界瞩目。

这一年，我们学校牢记教书育人初心，担当立德树人使命，发扬银川二中教育集团办学精神，努力优化教育教学环境，求真务实，砥砺前行，全面推动学校各项工作的良好发展。学校高度重视疫情防控工作，抢抓互联网＋教育机遇，积极提升信息化2.0教师信息素养能力，每位教师走进智慧课堂，用信息技术为学生服务，助推教育教学发展。坚持开展骨干教师展示课、党员教师示范课、一人一课智慧课堂、青年教师创新素养汇报课，在课堂实践中逐步形成"信息技术＋学练稿"的教学模式，彰显学校课堂文化新样态。

一年来学校教师听课节数达到两千多节。课堂开放已成为学校常规教研。

学校德育在五育并举，全面育人的教育方针指导下，秉承学校办学理念，落实德智体美劳活动。每逢节假日坚持开展学科性、综合性、特色性实践作业，受到学生欢迎；八年级开展青出于"篮"、精益"球"精"3对3班级篮球联赛，展示了班级团队向上凝聚精神；九年级开展"心向党 思人生 砺志行 奋进学"徒步研学活动；"放飞心灵 和谐校园"心理健康月系列活动；全校师生开展"学党史、听党话、感党恩"五四青年节主题教育活动；"红领巾心向党 感恩伴成长"七年级少先队活动；参加银川二中教育发展共同体运动会；八年级"红歌表心声"比赛活动，庆祝建党100周年"奋斗百年路 启航新征程"主题活动；"迈入青春门 走好成才路"七年级入学仪式；"赓续百年初心 担当育人使命"尊师重教活动；足球嘉年华系列活动；全年级趣味运动会；班级优秀小组合作成员参加社会综合实践活动；疫情居家欢乐多 我和父母同劳动教育活动；返校复课从"心"出发在银川电视台成长栏目播放；纪念一二九七年级师生唱响红歌赛；戏曲进校园活动；连续四年开展"关爱学生"教师家访活动。学校以系列活动为载体，创新德育途径与策略，取得明显实效。学校篮球队参加三人篮球比赛中获全区前八名、田径队学生参加全国学生运动会荣获奖牌、合唱队荣获兴庆区合唱比赛前三名的好成绩、舞蹈队参加自治区和银川市艺术展演荣获一等奖，刷新了学校历史，给学校带来荣光。这些活动中，感染和鼓舞同学们的身心，促进了同学们的精神成长。

一年来从课堂教研到学生活动，学校发布美篇总结 180 次之多，得到几万次老师、学生家长、社会同仁的点赞。

2021 年我们国家有许多动人的故事，让我们还记忆犹新；学校里有许多温暖的瞬间，让我们刻骨铭心；社会中有许多挺身而出的人们，我们还要再次说声谢谢。

2022 年，已然来临。此时此刻，站在崭新的时空节点，我们要牢记习近平总书记所言：不能满足于眼前的成绩，还有很长的路要走。我们唯有踔厉奋发，笃行不怠，方能不负历史、不负韶华！凝聚接续奋斗的磅礴力量，意气风发迈向新征程。让我们一起向未来！

祝福祖国繁荣昌盛！祝福我们学校日新月异！祝福我们老师身体健康！祝福同学们学业有成！

教学
融情

真情，让你在笔尖下快乐舞动

　　"情动于衷而发于言"情感是人的多维复杂体验的集合，它是心理及个人素质的最生动、最集中的表现。作文也讲究一个"情"字，不管写什么内容，都要求有真情实感、美好情操作文自情始，由情终如何让学生以情作文，以情动人在作文教学上一直是个值得探讨的重要问题。

我曾苦苦思索：如何调动学生作文时的真情？叶圣陶先生曾这样说过："假若有所表白，这当是有关于人间事情的，则必须合于世理的真实，切乎生活的状况；假若有所感兴，这当是倾吐不舒快的，则必须本于内心的郁积，发乎情性的自然。这种要求可以称为'求诚'。"他还对"求诚"作了具体的界定："从原材料讲，要说真实的，深厚的，不说那些不可征验、浮游无着的话；从写作讲，要说诚恳的、严肃的，不取那些油滑、轻薄、卑鄙的态度。"这就彻底去掉了作文中的虚假浮夸之风，既有利于写出真实之文，也有利于培养真诚之人。须知"求真"之心乃是一切教育之所以能有成效的基础。

在新课程标准中对写作教学也提出了同样要求，强调"学生说真话、实话、心里话，不说假话、空话、套话"，"写作要感情真挚，力求表达自己对自然、社会、人生的独特感受和真切体验。"

一、重视周记训练，打磨学生的情感积淀

心理研究表明：宽松、民主和谐的气氛，能使学生产生亲和力和积极的情感。周记，顾名思义是一周记事，是学生个体情感和体验的表达，是学生与教师勾通的渠道，一般来说写作心灵处于自由的状态，这一种状态如果受到一点干涉，就会敏感地关闭。通过周记谈心就不一样，因为谈心时大家的心灵都处于同一种放松状态，就能创设一个宽松民主的氛围，让学生自由地表达真实。

只要心灵之窗打开了，你就可以用潜移默化的方式诱发学生对生活的感受，有意识地培养学生较为稳定的情感素质，形成"体验—积累—打磨—升华—再体验—再积累—再打磨—再升华"的良性循环，促进学生作文能力的提高，并有意识地用丰富的感情去唤起、激发学生的情感体验。这是"双赢"的：一方面可以了解学生心理，接近学生，

培养与学生之间的感情；另一方面学生个体方式成长的愉快和满足，会沉积下来，在作文中不时表露。

二、每日小故事，增加学生的人文素养

悠久的文明，灿烂的文化，丰满的伟人形象，无不拨动学生的心弦，使他们产生多方面、多层次的情感体验。文化的沉淀，是几千年来中华文明历史长河里流淌至今依旧熠熠发光的金子，是一个民族情感的长廊：如明月、霜露、白发、杜鹃等融合的乡愁；如阳光、春天、莺啼、燕语等组成的希望；如梅、兰、菊、竹等体现的气节……这些传统的氤氲、美妙的意境对促进学生的情感积累作用很大。

除此之外，一个个名垂至今的名人，为我们提供了写作素材，那一个个鲜活的学习楷模：如婉约中透出英气的李清照、意气豪迈又浓郁冷峭的陆游、身经乱世仍关心天下寒士的杜甫……不仅可以增加学生的人文素养，而且可以丰富学生的情感。

让历史文化来影响学生的认知规律，很多教师觉得这样会让作文教学失去"主心骨"，实践证明：不会。十三四岁的少年，正是思想活跃的时候，个性的彰显、生命的活力注定他们不会历史洪流中流失，而往往能撷取一瓢或与之交流、畅谈。因为在对待这些内容的时候，他们不是简单地抄袭套用，而是在引用的基础上，加深理解，是在历史雄浑的历史文化支撑下找自己的路，是"站在巨人的肩膀"上看问题。如有的学生为了弄清《诗经》中黄河的清浊，翻找史料；如学生将赋比兴的写作手法与现代的表达手法进行对比……历史折射出的光辉经过学生敏感的心灵过滤，散发出的文学底蕴深沉而有内涵。

三、精心创设条件，多途径地对学生进行情感教育

全方位地对学生进行尽可能多的情感教育，就能丰富学生内心的情感体验，有利于其情感的积淀，从而达到积多于内而后能发于外，直至流之于笔端的良好效果。

首先，利用教材进行情感教育。初中语文教材中就包含丰富的情感个案：如《背影》中父亲表现出的感人肺腑的一幕幕令人难以忘怀；如《岳阳楼记》中范仲淹"心忧天下"的爱国情怀让人叹惋；《曹刿论战》中曹刿非凡的战略思想和卓越的军事见解令人叹服。

其次，引导学生走进大自然，走进社会，在实践中进行情感教育。用海啸的图片来引导他们体味生命的美好；"用父母在泥石流中的接力赛"来感受亲情的可贵；用美妙的花草来勾起他们对大自然的热爱，（阳光下傲然的小草，田野间盛开的杜鹃，山谷里飘过的悠悠白云）；当然这些图片影片事例也不仅仅为了看而看，结合诗句和成语来加深学生的理解。那么学生对生命、对社会、对人类的关注和理解就不会限于生硬的文字。

四、教师"下水"，促进学生思维扩展

这是我在听某所中学听课得到的收获。当时那个老师所举的事例是他自己二十世纪七十年代的经历，但他把这个平易的事例与"如何选材"这一个写作方法天衣无缝地连在了一起，并不漏痕迹地伸展开，谈到如何把握文体，如何缩小范围等。二十分钟课程就在这个老教师煽情的故事和学生激情的回应中度过，令我暗暗佩服。

毕竟，能"切问而近思"的人并不多，平凡而真实的生活感受，经过老师浓缩提炼，正值有穿透力和心灵辐射的效果，运用起来就能

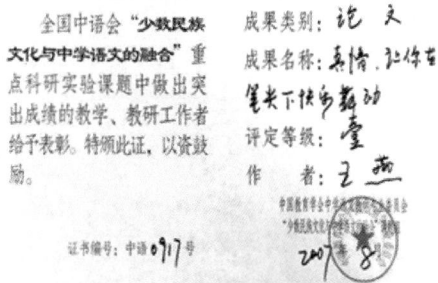

克服写作中常见的抒情议论空洞疲软，获得自然贴切的效果，而这些感受对于学生却是一种别样的感受。这能促进学生感情的激发，思维的扩展。就像开渠引水一样，学生的写作热情就会汩汩而出，此时，你还担心没有真情吗？只要学生能抓住向他们袭来的，由一个小人物、一桩小事情、一幅画而产生的真情实感，像一阵奔涌而来的怒潮，让学生用最真切、最简练的文字，指出心尖上的那一霎惊惶。

真情在作文中渗透，作文在真情中升华。只要教者有心，在语文课堂里，以作文教学为载体，真情教育得到的将是实实在在的落实。学生在作文教学中得到爱国情、责任感、革命英雄主义、爱父母、爱他人等情感锤炼，最终成就了一颗颗善良的心。可以预想，在有意识、有计划地感受实践下，学生将形成稳定的情感素质，而稳定的情感素质将又会极大地促进学生作文能力的提高逐渐让学生养成说真话、写真事、抒真情、做真人的习惯，真正让真情在笔尖下快乐地流动。

注：本文参加 2007 年中国教育学会中学语文教学专业委员会重点科研实验成果评比一等奖。

语文课堂教学中适时适度地运用
"自主、合作、探究"

在新课标精神的指导下，任何有利的尝试都是可取的，教无定法。不可用同一标尺丈量具有个体差异的学生，也不可用同一砝码去称量每一节语文课。

总之，"自主、合作、探究"只有适时适度，恰当运用才会真正放出异彩来。"充分激发学生的主动意识和进取精神，积极倡导自主、合作、探究的学习方式"是新课程的基本理念之一。

"合作学习有利于在互动中提高学习效率，有利于培养合作意识和团队精神。"是新课程对合作学习的重要性阐述。

合作探究的目的就是把学生中不同的思想进行优化整合，将个体自主学习的成果转化为全体共有的成果，发挥学生集体智慧解决学习中遇到的问题。在课堂上运用得好无异于如虎添翼，让大家在愉快的合作中感受接受知识的快乐。这样的民主化教学就不再是原来的"安静"的一言堂了。但是，如果运用不好得话，极有可能流于形式。有的老师将课堂上的时间大多用在朗读、提问、讨论、表演等形式上，学生之间的合作如火如荼、轰轰烈烈。透过这些喜人的场面，我们也看到了有些合作学习只是东拉西扯，甚或是嬉闹、说笑，混乱过后，教师又缺乏适时适度的引导，致使合作学习走向放任自流的境地。其实，对于一些简单的问题，没必要浪费大家的时间在那儿"一本正经"的讨论；对于一些难度较大的问题，基于他们知识层面的狭窄，阅历的肤浅，即使"挖地三尺"也不可能探讨出个"丁与卯"来，让大家在那儿作"深思状"也毫无意义。所以，合作探究的自主学习并不是每节课都需要用，也不是每堂课都能用。"传道，授业，解惑"的使命，在此并没有"寿终正寝"，指导学生与自主学习该是一对孪生的姐妹。适时适度地运用好"自主、合作、探究"这件新式武器，会让教学效果这个"的"命中率更高。

在教学中怎样才能有效地运用好课堂教学这个学习的主阵地，组织好大家开动脑筋，活跃思维，在快乐的学习中感受学习的快乐，教师在课堂上就是一场音乐会的指挥，要做到收放自如，让每一个乐手都能在这自由的空间里锻炼自己的技能，施展自己的才华，继而合力成就一曲"不朽"的交响乐。其方法特重要，我觉得这些方面值得考虑。

（一）激发合作学习的热情

特级教师王占祥曾说："得法于课内，得益于课外是学好语文的必由之路。"这"课内的法"来源于学生们的自主实践与合作的意识。大家如果能进行自主思考，有效的沟通，坦诚相待，即使出现不同的理解与看法，教师也不应马上给出答案，而应放手让学生"合作学习"，让其尽情地说出自己的看法，使他们的个性和创新精神得到充分的张扬这样不仅不会导致同学之间的对立、激化，反而会成就学生学习兴趣的不断高涨，促成大家的友好沟通，并在一种和谐的气氛中，最终达成"和解"而非"一致"，推动教学的顺利进行。同时也调动起了大家的"表达欲""表现欲"，对其思考联想也起到推波助澜的作用。

新课堂标准所倡导的自主探究就是要求给予学生更广阔的自由空间，让学生在教师的引导下搞好课前预习，不仅仅是要求教师更新观念、转变思想，更主要的是使学生养成良好的学习习惯，从而改变以往教师"要我学"为"我要学"，提高学生主动学习的积极性。所谓自主探究是指学生开展探究学习时，极少得到教师的指导和帮助，而是自己独立完成。开展自主探究时，学生自己提出探究的问题，确定探究的对象，设计探究的程序，收集所有信息，检查自身学习中存在的疑惑，直到最后得出结论。

（二）及时捕捉信息，点拨合作的技巧

在学生进行分组讨论合作探究的同时，老师绝不是"观众"，应融于讨论之中巡视指导，有针对性的作一些辅助工作，还应指导小组成员学会倾听，学会分享，学会融合。使讨论在有序、有目的的合作中完成对文本的探究。兴趣是学生学习是否成功的致命环节，在学生充分预习的前提下，在课堂上的合作学习中兴趣显得非常重要，这里的合作学习既有师生间的合作学习又有生生互动合作探究学习。

那么，要想使一堂课上得生动有趣更有价值，教师必须深入思考，如何调动学生学习的积极性：

1.科学搭配，合理分组 科学划分异质小组既能让学生感到强烈的个人责任感，又能使他们认识到积极互赖、互助合作的重要性。同时，它对改善课堂的社会心理气氛、促进学生良好的认知品质的发展，培养学生合作、社交等各种技能都能起到积极的作用。

2.教师参与，适时调控 在教学中教师参与学生的学习活动，与学生共同研讨，是实施"合作学习"的一项重要举措。合作学习中，教师与学生的合作探究更为重要，要使教师参与学生的学习活动，关键是教师要转变观念，放下架子。在教学过程中，教师要注意角色转换，重心下移，与学生站在同一起跑线上，使教师真正成为学生的朋友和学习的引导者，在具体分析问题时，教师参与其中和学生一起进行讨论、分析、交流。

3.教师应采取多种形式，有计划的组织他们在课堂上举行演讲、讨论等，为他们提供思维摩擦与碰撞的环境，搭建更为开放的舞台，使每个学生都有锻炼和表现的机会，从而使学生兴趣得到极大提高并积极地投入到师生互动合作探究中去。

（三）教师的"评语"举足轻重

"小的要哄，老人要捧"，人人都喜欢美言赞语，"每个人都是一个宇宙，每个人的天性中，都蕴藏着大自然赋予的创造力。"笔者曾看过这么个小故事：幼儿园的老师在收小朋友的绘画作品时，对一个纸上只有数条很规则的横竖线的作品，也给予了赞赏，称之为运用色彩最多的"小画家"，谁能说这种表扬"牵强附会"？说不定一石激起千层浪，未来的大师就在这番话中诞生了。在学生的自主合作探究的过程中，教师绝对不能丢掉"导"的地位，要善于从学生的多种答案中找到"商机"，借题发挥，适时地、真心实意地给予学生的思考做出评价，多多地给予鼓励褒扬，婉转地给予批评引导，绝对会给学生带来广阔的思维空间。在传统的语文教学中，教师的角色更多地是知识的传授者，学生学习的监督者和评判者，而新的课程改革要求教师应当成为学生学习的指导者、组织者、平等对话的参与者。教师的主要职责不在于传授知识，而在于有效地组织学生对课程的学习活动，让学生自己动脑动口动手，自求理解自获结论。当然，真正调动学生学习积极性，走进课堂，走进语文学习的乐趣之中，这才是我们课堂改革的目的。可是条条大路通罗马，只有为我所用的方法，才能称之为好方法。所谓教无定法，大家都正在"摸着石头过河。"所以，以上的方法只是笔者在教学中得出的一点浅见。自主、合作、探究的学习方式并不玄奥和神秘，只要领会其精神实质，运用起来并不困难。在实际操作

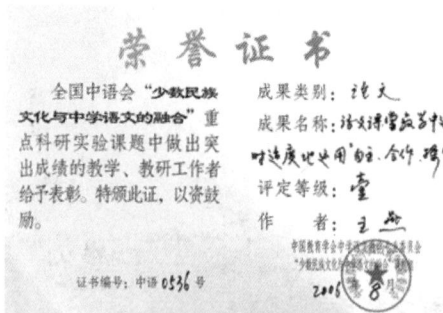

中，只要能引导学生在仔细阅读课文的基础上，设计有思考价值的问题，进行广泛深入的讨论即"多重对话"，让学生自行获得结论，并尊重学生各自独特的感受和见解，那么这样的学习过程就是自主的、合作的和探究的。

合作学习就是一种理解文本体验生活，感受幸福表达自我的学习方式，它让学生们真正成为学习的主人，而不再是被老师牵着鼻子走的书呆子。

古人云："变则通，通则久。"我们唯有把握时代的脉搏，方能傲立潮头。

注：本文参加 2006 年中国教育学会中学语文教学专业委员会重点科研实验成果论文评比一等奖。

鼓励合作学习，但不能忽视独立思考

提倡学生的合作学习不能忽视学生的独立思考。合作学习作为一种新型的学习方式，被老师们广泛采用。那种人人参与、组组互动、竞争合作、时有思维碰撞火花闪现的课堂确实能给人以享受与启迪。实施合作学习是有一定条件的，要以学生个体的自主学习和独立思考为前提。

而时下不少教师片面地理解合作学习，追求所谓小组学习的形式，做无用功的甚多。在学生没有充分阅读、思考的情况下进行合作学习，由于学生对课文的理解还不深入，认识也不很深刻，小组合作加工整理的结果与所得也是肤浅的、片面的，这样的合作只是为个别优生提供展示的机会。有的把合作讨论当作学生活动的唯一形式，一堂课下来，表面上热热闹闹，实际上收效甚微。有的教师不管在公开课还是平时教学不管内容有无讨论的必要，动辄安排四人小组讨论，也有的教师没有给学生足够的时间合作学习。在合作学习中，还经常看到如下场面：1. 小组中有一个成员在权威地发言，其他成员洗耳恭听，汇报时当然也是小权威的"高见"。2. 小组成员默不作声，自己想自己的。3. 小组成员热热闹闹地在发言，但没围绕主题，讨论时气氛热烈，却没解

决实际问题。以上种种的合作学习，未能充分发挥学生的独立思考能力，表面上看热热闹闹，实质上是流于形式收效甚微。究其原因，是教师没能真正理解合作学习的含义，未处理好合作学习与独立思考的关系。

语文课堂少不了品读感悟，思考涵泳。语文课"心动"比"形动"更为重要，有时"沉静"比"活跃"更有效。见问题就讨论，动不动就合作的语文课堂只能是华而不实的泡沫语文课。

我们要倡导在自学、自悟基础上的各种形式的合作学习，通过互相启发，共同探究，培养合作精神和协作能力。只有在学生充分的独立思考的基础上，再加强学生之间的交流，才能使他们互相取长补短，实现真正意义上的合作。因此，教师要精心组织学生的学习活动：一要组织好学生自学，使每个学生都能独立思考；二要组织好合作学习，培养学生的合作技能，教给合作的方法，重视对合作学习的评价，做到互动学习与个别辅导相结合；三要组织好全班交流，在交流时加强引导，全面实现教学目标。

注：本文是 2008 年观摩兴庆区课堂小组合作学习有感而发。

有感于语文课堂教学的节奏

一节语文课的时间、空间是固定的，对每个教师都一样，但不同的教师上的课，效率、效果是不完全一样的。怎样提高语文课堂教学成效？我也经常为此而苦恼，但经过多年的教学，不断反思，我觉得课一定要有鲜明的节奏，这样的课堂教学才能有成效。

也许因为个人性格原因，我最怕语文课上成模糊一片，因此对每一个教学环节我觉得都要有很强的目的性，至少一堂课的起始、高潮、结尾三个段落要清晰明了。

课的起始阶段不能疲疲沓沓，要如爆竹鸣响，如京剧中的"亮相"，一开始就吸引住学生。这一点应根据情况进行灵活设计。我教学《藤野先生》一课时，开始就使用了多媒体技术，先问"朝花夕拾"的含义，让学生明白这本散文集是回忆性的；然后拿出鲁迅在厦门大学时的照片和东渡日本时的照片，让学生观看。学生看惯了鲁迅的标准像，还没见过他年轻时的照片，所以感到惊奇，注意力马上就集中了，而我也就不用介绍时代背景了。教学《孔乙己》时，我开头就制造了两个悬念。第一个悬念是：我告诉学生，凡是读过鲁迅小说的人，没有不知道孔乙己的，也无不被这个苦人儿的形象所感动。据鲁迅先生的朋友回忆，鲁迅在世的时候，对他创作的小说最喜欢的是《孔乙己》（学生没有这个知识，一听耳朵就竖起来了）；鲁迅为什么最喜欢《孔乙己》呢？它是以怎样的鬼斧神工之笔来塑造这个苦人儿的形象的？读后请大家回答。接着，我又推出另一个悬念：有人说古希腊的悲剧是命运的悲剧，莎士比亚的悲剧是主人公性格的悲剧，而易卜生的悲剧是社会悲剧。悲剧一般是使人泪下，而我们读了《孔乙己》以后，眼泪不会夺眶而出，而是内心感到一阵阵的痛楚，这究竟是命运的悲剧、主人公性格的悲剧，还是社会悲剧？因为这个悲剧是在人们的笑声中进行的。这样，学生带着悬念去学，积极性被调动起来，学完之后回答说：它既是社会（清末下层知识分子）悲剧，也是主人公性格的悲剧——一个手不能提，肩不能挑，还不肯脱掉长衫的下层知识分子的性格悲剧。所以，我觉得在课的起始阶段，一定要花一点功夫来凝聚学生的注意力。

课启动完毕之后，即进入阅读分析、训练学生读写听说能力的阶段。这个阶段，必须把握好课的高潮。上一堂课就和写一篇文章一样，好课应该是师生共同创造的一篇优美的散文，其中有老师的智慧，学生的闪光点，有读写听说的结合。课堂教学一定要有节奏，张弛有度，起伏有致。有时思维训练强度大，有时要缓解一些，要基于学生的学习心理和生理状态而定。我们所教的学生自控力是不可能四十分钟始终全神贯注，老师要意识到这一点，要有节奏地、一浪推一浪地组织教学内容。教学一定要"胸中有书，目中有人"："胸中有书"就是胸中要有教材，有教学目标，对教材要烂熟于心；"目中有人"就是要明白老师只是导演而不是演员，要让学生多表演多活动。我很赞同一位前辈所说："四十分钟要全把握好是不容易的，但可先上好一刻钟的课，组织一个高潮，让学生全身心地投入，充分调动学生的感觉器官和思维器官。"

课的结尾当然也不能松懈。语文教师天天要跟学生见面，因此不能"毕其功于一课"，要想着今天的课应撒一个求知的种子，为明天做伏笔；有些问题可以暂且搁置，也可以留着问题下课讲，也可通过讨论逐步解决。我教学《藤野先生》一文时，采用的是在多个环节让学生质疑的办法。因为这篇课文学生比较生疏，所以我就让学生多提问学生问了许多问题，其中有的问题问得非常好。例如一个学生说：课文第一句话就有语病，"东京也无非是这样"，"也"字是连接性的关联词，前面没有句子，怎么能用"也"呢？我没有立即回答，而让学生思考、讨论，使他们明白"也"字含有许多潜台词：鲁迅先生东渡日本留学，寻求救国救民的道路，但到东京一看，那里的留学生醉生梦死，所以说"东京也无非是这样"。

把握课的节奏，还必须注意速度的问题。所以语文课必须提升学生思维的敏捷性。在教学《春》这一课，我就采用了"面上开花"的办法，让学生一分钟之内讲一讲有关"春"的美言佳句，学生说出了"万象更新""大地回春""春回大地""春雨霏霏""万紫千红总是春"等语句，既活跃了气氛又扩大了思维的容量。

有感于语文课堂教学的节奏只是我在平时教学后的点滴体会，但教学就是在不断地反思中成熟的。正如："苔儿花虽小，也学牡丹开"。希望自己执着地去追求作为一名语文老师因达到的目标。

注：本文是 2010 年作为评委参加兴庆区语文优质课选拔赛后的课堂教学感悟。

在课外阅读教学中我和学生一起成长

　　在这里和大家交流自己在教学中的一些体会，这与我们学校语文组申报的课题"初中语文教学中课外阅读指导"息息相关。也就在当时我对指导学生课外阅读方面有了一些想法。过后在教学中又付诸了实践。尝试之后的感受是收获的不仅仅是我的学生，而且我也获益匪浅。

　　下面，我从两个方面向大家说说我和我的学生读书的成长体会。

　　语文阅读教学有两块阵地——课内和课外，这两块阵地对学生阅读能力的形成，对学生语文素质的提高，犹如鸟之双翼，车之两轮，不可或缺。重视课内这块主阵地，是非常重要的，但绝不可忽视课外阅读这一阵地。这是许多语文教师的共识，但同时也是许多语文教师最棘手的问题。因为绝大多数的初中生都不能主动地进行课外阅读，他们用于课外阅读的时间少得可怜。我在指导学生课外阅读方面所作的方法指导，现谈以下几点体会。

　　1. 明确阅读书籍。以前我总是让学生去读书，对于自觉的学生还能保证读书，而大部分学生却是瞎子摸象，适合学生阅读的各类书籍也浩如烟海，因此，我给学生选择课外读物的书目，每一届学生有六

个学期，除掉九年级有升学压力外其余四个学期当中，我让学生依次所读的书籍有《汤姆索亚历险记》《昆虫记》《格列佛游记》《鲁滨孙漂流记》《钢铁是怎样炼成的》《哈利波特》《名人传》《骆驼祥子》《朝花夕拾》《朱自清散文集》《爱的教育》《草房子》《根鸟》《城南旧事》《海底两万里》《格兰特船长的儿女》考虑到学生的知识水平和接受能力，教育学生在阅读时要循序渐进不能好高骛远，要逐渐增加阅读的广度和深度。寒暑假时建议学生读了篇幅比较长的《西游记》《三国演义》《水浒传》少年读物《史记》，还动员学生九年级毕业后的假期里读《红楼梦》。

2. 提出阅读要求。学生进行阅读时，我提出了明确的阅读目的和相应的具体要求，贯穿整个阅读过程中。有些学生其实也想读书，但苦于没有时间。所以我尽量少留书面抄写的家庭作业，要求学生每天阅读时间保证在半小时，而且家庭作业和课外阅读书籍挂钩，这样在时间上保证学生利用课余时间多读书。

3. 强调做好阅读笔记。新课标要求学生每学期写一定数量的读书笔记。这样我就让学生把课外阅读与读书笔记相结合，让学生把课外阅读中见到的相关知识要点摘抄下来，也就是读完一本书或一篇文章后，仔细地回味一下。写的时候一定要抓住两个字，一个是"读"，就是要把文章读懂，另一个就是"感"，就阅读中感受最深的一点谈谈自己的感想。每周上交一次，全批全改，有些学生的读书心得体会真让人振奋不已，有个学生读《汤姆索亚历险记》后写到"我感到冒险并不是一件坏事，因为冒险可以激发自己的勇气。世上没有万无一失的成功之路，然而只要自己有冒险精神，把走向成功之路看成是一种冒险，并且征服各种困难，这样成功的概率就会更高些。"还有学生在看《鲁宾孙漂流记》后写道：当读到他只身一人在荒岛上生活，真佩服他的勇气和毅力。我仿佛也随着他生活的变化，我的心情也如大海上的浪花连绵起伏高低不一，记得老师曾说过，只有把自己的心情与书本的内容融为一体，才能达到真正理解文章内容，我想我做到了吧！以后在读书时更要做到这一点。有位男生在看《钢铁是怎样炼成的》后写道：保儿对朋友说，人应该支配习惯而不是习惯支配人。当时就有人嘲笑他爱说漂亮话，说保儿明知抽烟不好但戒不掉，保儿从此戒掉了抽烟的习惯。当我们选择坚强时，成功也迎面而来。在读书中学生所感悟作品的思想感情和蕴含的深刻哲理。作为老师我们的教育不可能面面俱到，但我们可以引导鼓励学生把书籍当作他们的老师，给他们创造机会在书中探寻更广阔未知的世界。

4. 定期交流检查。我除了对学生的课外阅读笔记要定期过目，还以各种不同的方式对学生的课外阅读情况进行深入调查，有时结合课堂教学等环节，让学生显露个人阅读情况、交流经验心得。作出相应的指导，使课外阅读结果反馈在日常教学中，达到巩固阅读的目的。在规定学生定期读完书后，就书中的好词好句，以及故事梗概和人物的评价，这些方面以试卷的形式考查学生的读书情况。我引导学生互批互改。假期里读书后的作业是办一份小报，要根据书中的内容出20

道填空题，30道选择题。开学后互相交换小报检测读书的情况，并对最佳读书者颁奖。采取恰当检查的目的是让学生共同获取信息、丰富知识、提高能力。

5.我们学生一天读书的时间大部分在家里完成，所以我充分利用家长会，向学生家长宣讲课外阅读的意义、作用，以期家长的理解和支持。有些家长是很赞同老师布置书籍让孩子看，也很愿意在家里督促孩子读书。

以上是作为老师要求学生养成读书的习惯，而我自己在引导学生阅读的同时，我也自觉地和学生一起走过了一段读书的时光。

如果我在语文课堂上还是照本宣科、一成不变的话，学生就将慢慢丧失学习语文的兴趣。所以我明白首先应把课本上的阅读教材上好了，讲活了，再以课堂教学为契机，以此提高学生课外阅读的兴趣。例如初中语文教材对中国古代四大名著都有节选，在讲节选《三国演义》中的《杨修之死》这篇文章时，我结合央视频道播出的《三国演义》电视剧中的经典片段引进到教学中。还有教学《香菱学诗》文章，央视频道正播放《百家讲谈——刘心武揭秘红楼梦》，我就买来他的《揭秘红楼梦》上下两本书，津津有味细读了一遍，又把著名红学家周汝昌先生所著的《梦解红楼》及著名作家王蒙所著的《活说红楼梦》也认真看了一遍。结果在给学生讲《香菱学诗》这篇课文时，用去6课时，我也觉得"旁逸斜出"，可学生兴致很高。有的学生对《红楼梦》有了兴趣，从而自觉地去阅读这些小说。就为了讲一篇课文，我看了6本书，在付出的同时，我的收获也是丰盈的。

在分析一篇文章时我利用介绍作者，推荐其他作品。比如：在讲著名女作家杨绛写的《老王》这篇课文时，我把作者新出的《我们仨》这本书买来阅读之后又介绍给学生。有时逛书店遇到一些和课文有关联的书籍，尤其在每年畅销的书籍我更是先睹为快，如《原来唐诗可以这样读》《原来宋词可以这样读》《杜甫叙论》《解读苏东坡》《南怀瑾讲述论语中的智慧》《蒲松龄的一生》。2009 年国学大师季羡林辞世，他的十二本自选集我也是全部收藏又迫不及待的陶醉其中。并借讲解《永久的悔》这篇文章时给学生开设了三节课的《追忆季羡林》专题，让学生感受一代国学大师的立志经历以及思想真谛。

学生对于文学作品的鉴赏能力还很有限，所以我适时地挑选一部分当代优秀作品，推荐给学生。在推荐之前，我自己先去寻找相应的一些书来看，阅读后，有所感悟，才能指导学生，激发学生的阅读兴趣，有些学生对时下流行的书刊感兴趣，如《谁动了我的奶酪》《哈利波特》，我也一本不落地看完。引导学生领会其中的意味。如男同学多喜欢战争、武侠题材类的书籍，我也把金庸的具有高品位的武侠文学作品介绍给学生。

而对于老师要读书又岂是那么容易的，每天的教案要写，每天的作业要批，每天要与学生谈话，每天有许多的杂事要应付，哪有时间读书？在一次语文组进行教研活动中何校长在和大家交流教师读书心得时总结出四个"永远不要" 一下子吸引了我的眼球。"永远不要等有了大块的时间才阅读，要见缝插针，想读就读"，"永远不要坐进书房里才读书，任何地方都可以阅读"，"永远不要有用才阅读，急功近利，立竿见影是妄想"，"永远不恨其晚，读永远比不读强"。没时间读书，那就挤时间，看学生上自习课时看书，也可以熏陶学生。中午午休利用十分钟看书，也可以催眠。晚上保证半小时看书时间，心里就踏实。

十九年的教学，对于我来说，最难的，也是最重要的，就是超越个人，汲取他人的智慧。只有博览群书，才会让自己超越个人和校园的局限。一个人成功的因素不只是读书。但是，读书却是一个人成功的重要因素。我离"博览群书"这个词还相差甚远，那就少一些借口，自觉地多读点书！"让读书成为一种习惯。"相信对女教师来说，书籍是最好的美容品；对男教师来说，书籍是最挺括的名片。

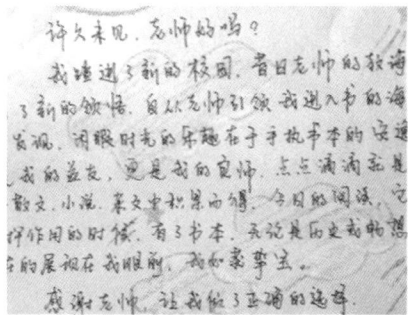

一位毕业的学生在教师节时送给我一本自己所出的作文集；在新年来临时，已毕业的学生送给我一张贺卡，里面写道："自从老师引领我进入书的海洋，我才发现，闲暇时光的乐趣在于手执书本的安逸，书籍是我的益友，是我的良师，点点滴滴就是从一册册散文，小说，杂文中积累而得。"

这些激励我的话语，会时时鞭策自己前进的。和学生一起读书，也是自己的一些不成熟的想法和做法的不断思考的路途。在这样的思考中慢慢蜕变，在这样的不成熟中逐渐成长。

注：本文参加2009年中小学教育论文评比中荣获一等奖。

有感于语文教学中"相互主体渐变"说

　　有幸阅读了教育家成长丛书中的《程红兵与语文人格教育》这本书。真如醍醐灌顶，眼清睛亮。不乏与此书有相见恨晚之感。尤其他从哲学角度，语文人格价值方面提出"师生相互主体渐变"说，更是让我从众说纷纭的课改领域里着实拨"云"见了一回"日"，岂不快哉！

　　教育家程红兵在自己多年从教生涯的体会中提出"师生主客体关系"应该是相互主体渐变关系，简言之为"相互主体渐变"说。教师是教授过程的主体，学生是学习过程的主体，尤其在教育前辈对语文教学中师生关系论的基础上，进一步提出教师的主体作用是逐渐隐蔽逐渐减少，而学生的主体作用是逐渐增强的说法。此见解也让我在教学中对其理论精华有了深层的理解。

　　"师生相互主体渐变"说，其主旨是从语文的教与学的过程来看，师生关系中，学生是受教育者的学习过程，而老师是教育者的教授过程，从学习过程来看，受教育者是语文学习活动的主体，而教育者（包括教育者所选择的教学内容，所采用的教学手段和方法等）则是受教育者学习和认识的对象，因此是学习过程的客体；从教授过程来看，教育者是主体，教材和学生都是客体。相互主客体之说是有哲学依据的，没有两个主体，语文学科教学便不能成立。而两个主体在语文教学过程中是在变化的，特别是学生的成长变化之大是非常明显的，教师自身也在变化，而且教师顺应学生的变化不断调节自身的主体作用。学生的主体作用逐渐增强，教师的主体作用逐渐隐蔽，逐渐减少。

我通过教授《本命年的回想》文章来阐述我对"师生相互主体渐变"说的认识。这篇散文写的是作者家乡京郊运河一带乡村过年的情景，充满了鲜明的地方特色和浓郁的民俗风情。七年级学生可能对文中所写的部分民俗感到比较陌生，在教学这篇课文时，引导学生了解这些过年的习俗，并深刻理解其中蕴含的文化内涵，应是重中之重。由此在导入新课时作为老师通过文章开头的妙处，以及作者在花甲之年回想童年时过大年的用意，引领学生走进作者所营造的火热的过年氛围。通过作者介绍、整体朗读感受，这一教学过程应是教师发挥主体作用，学生思维受老师引导而渐入文本情境。第二个教学重点就是要引领学生品味学习生动传神，通俗易懂而又富有情趣的语言。正因如此，接下来让学生边读边感受作者依据时间顺序而隆重推出的从腊月初一到正月初一一幅幅农村生活情景，有了前一过程教师的引领和铺垫，老师让学生喜欢哪一个风俗习惯就给大家说说自己的感受。学生在进行这一学习过程时积极踊跃、热情高涨，纷纷发言学生说："我喜欢炒年货这一风俗，说"土炕烫得能烙饼"，可见烧了多少柴火，炒了多少年货。让人心之向往。"学生说："作者写初一清晨拜年，说"村南村北各门各户拜了个遍"，简单的十二个字就写出了这里民风的淳朴，邻里关系友善。让我觉得天天过年该多好呀！"还有学生在别的同学说完后还要抢着补充"作者描述的吃腊八粥不仅仅色香俱全，读来让人垂涎欲滴，我觉得一碗碗的腊八粥就像一件件艺术品让我们爱不释手、流连忘返。"交流过程可谓一石激起千层浪，学生的主体意识发挥得淋漓尽致。学生从内容语言进而体会出这些多少年来传承下来的过年的风俗在作者的笔下一一生动地展现出来，情致饱满，兴味盎然，散发着浓郁的传统年味气息，进而培养学生传承中华文化、热爱家乡、追求美好生活的思想感情。所以在一堂课中根据文本的需要，教师只适时点拨，学习方法灵活运用，教师和学生两个主体在教与学的过程中不断变化。当学生的主体作用逐渐增强时，教师的主体作用要逐渐隐蔽，逐渐减少，教师要顺应学生成长的变化不断调节自身的主体作用。

教师和学生相互主体渐变说不仅仅体现在一堂课中，而且就某个阶段而言，同样亦如此比如。在初中阶段苏教版中编选了著名散文家朱自清先生的两篇散文：七年级的《春》，九年级的《梅雨潭的绿》，七年级时教授《春》时，根据学生学习写景状物散文的能力低，还不能体会到抓住景物特点进行生动描绘，我认为教师在教学中主体作用应大于学生的主体作用，要起到引导学生学会抓住景物特点描绘的方法，引领学生感悟借景抒发情感的方法。等到了九年级，学生已掌握了学习散文的方法和能力，这时教师的主体作用应小于学生的主体作用，只适时引导学生去体会作者潜心用词的精妙、独具匠心的结构、灵活多变的写景方法，进而达到欣赏全文的目的。很显然随着学生能力的增强，学生的主体作用渐渐增强，由依赖教师到依靠教师到独立学习；老师的主体作用由保姆式到师傅式（手把手教）到导师式，教师的主体作用的发挥越来越少，越来越隐蔽。我也真正体会到叶圣陶先生的一句名言："教是为了不教"

道出了教师是由教逐渐走向不教的实质。

我在教学中所认识到这两种情况，实际上从纵横两方面剖析了教师与学生在语文教学过程中的主客体关系，分析了他们的动态结构，为什么语文教学中会出现教师和学生相互主体渐变的变化过程呢？

我也研读了程红兵老师分析的原因，总结主要有两个，其一语文教育活动从总体上看一直是处于层次不断变化、发展和上升的过程，这必然从外部对学生的主体性和客体性及与教师的关系产生重大影响；其二是学生自身随着年龄的增长，其生理和心理也一直处于变化、发展之中，这必然从内部直接地影响着学生的主体性和客体性及与教师的关系的变化、发展，因此我们说师生主客体关系是相互主客体渐变关系。也是符合唯物辩证法的发展变化原理。

相互主体渐变说从纵横两方面剖析了教师与学生在语文教学过程中的主客体关系，分析他们的动态结构，这对语文教学实践有什么实际指导意义吗？回答是肯定的，探讨教学主体问题的实质是探究和规范教学过程中师生各自的职能和责任及相关的关系和作用。长期以来，语文教育作为一个从外部施加的活动过程，它本身并不能直接进入人的内心，在语文教育过程中，直接进入人的内心的是语文本身。语文教育目的的实现，必须通过语文本身来完成正是在这个意义上，有人提出，语文是不可教的。语文教育就是在这种可教性与不可教性的矛盾中存在并发展着，语文教育的许多理论困惑与现实困惑，都在这种可教性与不可教性的矛盾之中。而教师和学生双主体说有利于发挥学生和教师在语文教学中的积极性、主动性、创造性，相互主体渐变说的语文教育价值观影响着语文教学过程，语文教学必须把握学生的主体地位和主体作用逐渐增强这一规律。语文教师应该明确自己的主体作用是渐趋隐蔽、逐渐减少的，应该

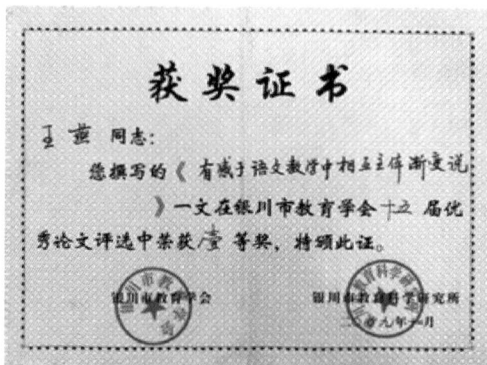

有意识地创造一系列的教学情境和方法，使学生尽快适应教师与学生在教学中主客体关系的渐进变化。必须强调的是顺应变化而不是超越变化，因此必须渐进不能跳跃，这中间必须有个按部就班的渐进变化的过程。

注：本文参加 2009 年银川市教育学会十五届优秀论文评选一等奖。

用好网络资源　培养学生阅读能力

在知识爆炸的时代，知识更新周期越来越短，速度越来越快。超文本的阅读形式——网络阅读显得尤为重要。互联网信息量大，传递快。阅读者利用手中的鼠标，犹如踩在脚底的滑板，在信息之海的浪尖波谷选择获取。因此也有人把网络阅读形象地称之为"网上冲浪"。鉴于网络的多样性和灵活性，教师可以根据学生的实际需要更新阅读材料，最大限度地发挥网络优势，提高阅读质量，帮助学生完成学习任务。初中生在网络阅读中遇到困难：有相当一部分的学生没有适合自己读的书，这就说明初中生的网络阅读内容必须有人指导。

对比阅读。对比阅读包括同一主题作品的比较或同一作者不同时期阅读，不同时代相类读物的比较阅读。如：学习了叶圣陶先生的《多收了三五斗》后，让学生查阅现代作家钱雪泉写的《多收了三五斗》一文，可以以作业形式让学生上网查阅浏览全文后思考：两文描写的故事情节有哪些相同和不同之处？两文中人物命运有什么不同？是什么原因造成的？两文反映了怎样的社会现实？人物的性格有哪些相同之处？

又有哪些不同之处？作者塑造人物形象所用的方法有什么相同和不同之处？如九年级学生学习了培根的《论美》这篇杂感后，可让学生查阅伏尔泰所写的一篇短小文章《论美》进行比较阅读，让学生思考：两篇文章同为论美，比较他们的异同。学生利用网络阅读了相似文章，不仅在对比中培养了学生感悟、品味、欣赏的能力，还让学生学会利用网络学习的习惯。

学生网络阅读资料中有与语文相关的每篇课文的作者介绍、写作背景、相关评论以及文本中有关人物的故事，文学色彩强，学生乐于参与学习，充分体现了他们是阅读的真正主人符合学生阅读需求，有助于促进学生的语文学习发展。

拓展阅读。这是为了证明某个问题，而参阅若干与之有关的文本。课文《陈涉世家》选自《史记》，塑造了一个有抱负、有勇有谋的陈涉形象。对于这个人物，学生可以在互联网上广泛寻找有关陈涉的资料，历史中的陈涉，有关陈涉的人物评论，在广泛阅读之中，了解文学作品中的人物形象和现实之中的人物的区别。课文《向沙漠进军》的作者竺可桢，对于作者本人简介，学生可以利用网络查询，了解作者不仅是中国卓越的科学家和教育家，而且还是当代著名的地理学家和气象学家。学生就可理解文艺小品文的特点。预习课文《三峡》时，让学生查询有关作者郦道元的简介，学生就可了解作者是北朝北魏地理学家、散文家。仕途坎坷，终未能尽其才。但是他博览奇书，幼时曾随父亲到山东访求水道，后又游历秦岭、淮河以北和长城以南广大地区，考察河道沟渠，搜集有关的风土民情、历史故事、神话传说，所以撰《水经注》四十卷。而且文笔隽永，给后人留下一部既是内容丰富多彩的地理著作，也是一部优美的山水散文汇集。可称为我国游记文学的开创者，对后世游记散文的发展影响颇大。学生对文章结构的严谨的特点就能得到理解，原来是作者拥有广博知识和生动描写的结晶。如在教授《醉翁亭记》时可布置四人小组分别查阅资料：1.中国四大名亭；2."醉翁亭"因何而得名；3.介绍作者及写作背景。大多数学生利用网络查阅这些资料，有助于学生积累欧阳修的生平常识、了解本文的写作背景。

通过网络这个平台，正确指导学生阅读，就能有效地吸引学生参与阅读。这样的阅读既拓展了学生的知识面，又丰富了学科知识。

发散阅读。这是在学习和研究某个作品或某个问题时，又引发了新的问题，出现新的途径，于是围绕这些新问题、新途径进一步进行拓展阅读。如在学习《威尼斯商人》时，夏洛克这个吝啬鬼形象引起了学生们的关注，进而寻找其他文学作品中的吝啬鬼形象的描写。在比较了世界"四大吝啬鬼"形态各异的形象之后，又可以进一步思索这些形象的出现背景及其体会其"可恨、可鄙、可怜"的形象背后深层次的原因。学习莫泊桑的《我的叔叔于勒》了解莫泊桑是世界三大短篇小说巨匠之一，指导学生查阅欧·亨利和契诃夫两位作家作品特点，理解他们为什么拥有"短篇小说之王"的美名。学习《春》时，朱自清对春的描绘引起了学生们的赞叹，进而寻找其他文学作品中的关于春的描写。在比较了不同作者对春的叙写方式和感受之后，又可以进一步思索不同作者笔下对同一个季节在描写时不同的情感背后深层次的原因。教材中有许多篇目是节选部分，如：九年级上册第六单元课文《一双手》就是节选当代作家姜孟之的报告文学《乌马的传说》，周末的作业就可安排学生网上查阅进行了解报告文学《乌马的传说》，让学生进一步感受报告文学塑造人物形象的写作手法。有时文章里出现的一些诗句引用也可让学生课前查阅资料了解，如：季羡林先生所写的一篇有关"成功"的文章（节选），文中提及王国维《人间词话》中的一段有关"古今之成大事业、大学问者，必经过三种之境界。可让学生课前网上查阅三句话中词的来历，学生通过探究了解到：三句

话是将晏殊的《蝶恋花》、柳永的《凤栖梧》以及辛弃疾的《青玉案》加以集句而成，学生自己发现原本这三首词的目的在于对女子的思念之情的情诗，但王国维巧妙地将诗歌中的形象主体做了转换，将原作品中的伊人指代为求学的目标，形象生动而不着痕迹。

当然，除了在教学中指导学生结合课文进行网络阅读外，教师还可以适时引导学生利用网络进行课外阅读，推荐一些书籍。中学阶段的阅读应着重于从学生角度出发，读物必须与学生的心理发展水平相适应，学生才能有兴趣、有需要、有交流、有对话，从而丰富自己，提升自己。更重要的是在内容上要切合学生的实际需求。如有些学生喜欢科幻小说，可以鼓励学生坚持网络上阅读《哈利波特》，有的学生喜欢历史传记，可以推荐学生阅读《东周列国志》《隋唐演义》《岳飞传》《杨家将》。这样有针对性地推荐一些与学习内容密切相关的书籍，把课内学习与课外阅读紧密相结合，拓展学生的知识广度。教师在推荐网络读物时，应对此书价值推荐评价，学生兴趣就会倍增，一心去搜寻所推荐的读物。

正确引导学生网络阅读浏览搜索，可以培养学生收集信息资料，深入归纳思考，综合运用知识和探索能力，同时也可以培养学生协作能力。

注：此文发表在《宁夏教育》2014年第5期上。

依据课程体系用好教材

——从《一棵小桃树》说开去

银川二中教育共同体初中四校于5月3日至5月15日在各校区开展了8门学科"同课异构"教研活动。本人有幸担任语文学科的评委，听了4位教师关于统编版语文七年级下册自读课文《一颗小桃树》的教学，现就课堂中五项核心指标的付诸实施以及如何用好"统编本"谈点个人的认识。

一、依据课程体系，读懂编者意图

我们有3位教师在课堂问题设置上煞费苦心重起炉灶："小桃树生长过程经历了哪些磨难？""和我的人生经历有哪些相同之处？""我为什么那么爱护小桃树""小桃树给你的成长有什么启示？"等，他们围绕自己设置这些问题苦心经营课堂，但让听者觉得授课教师没有把握好《一棵小桃树》在课程体系或教材体系中设定的学习目标。

2017年全国实行语文部编教材，对三个年级的阅读教学有明确要求，以各单元课文学习（分'教读课文'和'自读课文'）为主，辅之以'名著导读'和'课外古诗词诵读'，编者的用意是共同构建一个三位一体的阅读体系：从'教读课文'——'自读课文'——'课外阅读'。这个体系的安排是符合中学生阅读认知发展规律的。"统编本"对于自读课文动了大心思，不设课后习题，随文设置"旁批＋阅读提示"，如《一棵小桃树》中设计的"旁批"，针对课文的关键之处、文笔精华以及写作技法做精要点评：①体会用寻常的情景，流露出不寻常的情感；②要仔细体会课文中反复出现一些描写，往往寄托着深意的这类地方；③是何原因使作者遗忘了这棵小桃树；④"我"的情感在这里来了一个转折，您读出来了吗？这些在旁批之处出现的问题，贴近学生的学习心理，教师提问会很亲切。一位教师上课起始就带领学生理解自读要求：这篇自读课文，编者为我们做了几处旁批？其中哪几处是提问的？你自己能解决问题吗？接下来的教学，教师又引导学生从五处旁批中，取重舍轻，带动学生关注解决旁注后三处提问，利用这三处提问引导学生思考文章的内容、作者情感、文章主旨。在学生讨论交流后无法解决时教师才予以帮助，这样设定的教学目标是依据课程体系编排意图，切合学生当下的语文知识背景和能力水平，整节课上完后，学生达成教学目标应该在85%以上，这样的教学既准确把握了学生现实的学科知识背景和能力水准之间的差异，又切合了编者意图这种自读课文的教学方式，才是教授"统编版"教师应该把握的。

教授统编版自读课文，教师一定要发挥好自读课型功能，教学时要善于利用自读课文设置的旁批，在学生自主学习时适时地提出一些问题引发思考，而阅读提示则是给学生提供阅读的重点，把握阅读的精要，收获阅读的技巧。部编教材自读课文如此安排，也指示着学习语文的方法，作为教师们不巧用旁批和提示去施教，还要"另辟蹊径"

对旁批和阅读提示抛之脑后。语文教师应要遵循统编版语文课程体系教学安排规律，按编者意图做好课前的教学设计。

二、走进文本品言溯意，提供平台释放潜能

《一棵小桃树》是一篇托物言志的散文，这就需要先揣摩品味"言"再感悟领会"意"。有教师在教学时让学生跳读文章，找出描写小桃树的语句，结合这些语句说说表现小桃树的特点？学生大体从修辞手法的运用、动词的描写等常规赏析词句方面说出小桃树是"讨人嫌但最终是不屈不挠、顽强生长"的特点，给听者以品言溯意"蜻蜓点水、泛泛而谈、浮于表面"的感觉，这就好似明修"结合具体的词句说说小桃树的特点"体味语言这个"栈道"，实际在教学过程中轻言之生动形象的表达形式而更多暗度直指"意"，让活水"情感"变成了浅显的"陈仓"。

有教师认为自读课文，教学重点在"略"，我个人认为自读课文并不排斥精读。教师要引导学生在文章的精妙之处、关键之句引导读精品细，使略读与精读达到互相融合的程度。在同课异构《一棵小桃树》一课时，有教师就利用课文第四自然段的语言特点放手学生找出并有感情地朗读描写这棵"没出息"的小桃树的关键字词语句感受品味，学生能轻而易举地找出动词"拱、碰、断"，形容词"瘦瘦的、黄黄的"等并理解了意蕴，当有学生说，"它长得很委屈"一句中的"委屈"一词也可以看出小桃树外表长相"丑"，不招人喜欢。教师进一步引导说，"委屈"一词形容长相外表贴切吗？学生质疑作答，把作者对小桃树的怜悯惋惜、无奈痛心的复杂情感一一再现。教师又在学生交流的基础上让学生试着读出"委屈"一词的复杂情感并适时点拨学生，"委屈"一词是作者用词的特点，这使文章情感的表达更具个性化。教师又提

示学生在"品言溯意"中还要关注不同人物对小桃树的异样神态和语言，学生立马就找到"大家都笑话它，奶奶也说"一句中，奶奶为何是"说"而不是"笑"？一个"说"字道破奶奶的慈善呵护我的用心，学生就不是停留在文字表面，而是走进了作者的内心世界，真正理解写奶奶这个人物的用意了。

这种深入作者言语结构的"品言溯意"，激活了学生的思维，学生不仅理解了作者个性化的曲笔达意的方法，也更有利于学生感悟到散文意味深长的意境美。

三、关注学生内化过程，重视能力训练的安排

《一棵小桃树》是第五单元的一篇自读课文，该单元主题是"借景抒情或托物言志"，训练目标是学习托物言志的手法。这次同课异构活动中，有教师从初识—了解—读懂小桃树设计教学，让学生关注小桃树生长环境、外在形态、生长经历的语句，引导学生体会小桃树与作者有着怎样的特殊情感，最后总结出作者与小桃树一样有着"默默努力、执着坚定、自强不息、不畏挫折"的特征，却没有让学生纵观全篇上升到感悟"借景抒情、托物言志"写作手法的妙用。有些老师一味突出文章的情感，少讲甚至不讲写作手法的实践运用，给听者留下只有"小树"而无"大我"之感觉，学生内化知识的过程没有成为教学的关键环节，久而久之学生的语文素养更是不能得到全面的提高。课后研讨时，大家讨论到这个问题，授课老师解释：在本单元第一篇《紫藤萝瀑布》文章中，大讲特讲"托物言志"写作手法在文中的运用，而《一棵小桃树》是一篇自读课文，就不用再费心思了吧！这种解释全然忽视了单元目标、能力训练的安排用意。而语文课上知识的内化是需要不断地、反复地接触和碰撞的。

统编版语文教材按照"内容主题""语文素养"双线贯穿组织单元文章结构。教读课和自读课，课型不同，功能也就不同。教读课重在"训"，教师示范教方法，课内自读课重在"练"，放手让学生自学。要让学生在教读课上习得运用语文知识和方法的能力，在自读课上结合自学实践综合运用语文知识和方法去解决实际问题的能力。如果熟知教材这样安排的用意，明白知识向能力的转化就要重视原有知识结构与新知的交互作用。语文教师在教学过程中就更易做到培养提升学生的语文素养能力了。

其中一位授课老师让学生自己解决文本旁批和提示后，带领学生体会"没出息的"小桃树的深意，其实就是理解本文托物言志的写法。"为什么作者要用许多语句写这棵"没出息"的小桃树？"教师用这一问题激起学生对文章的深层思考，当学生思考后回答还不够真切理解作者所赋予"小桃树"的内涵时，教师给学生还原了作者人生经历中的酸甜苦辣，学生对作者借"小桃树"想表现自强不息地追求理想精神的用意就不难理解了，也真正体会到作者托"小桃树"言自己的成长变化寄寓的深情厚谊，把本篇文章"托物言志"的写作手法知识拓展和迁移后，相信学生也领会到这篇文章的"言外之意"了。这篇文章中需要挖掘写作手法运用的能力的训练和培养的目标自然而然、轻而易举就内化为学生的情感教育了。放在课堂上内化"托物言志"写作知识完成的能力，为何有时还要通过课后的繁重练习呢。

注：本文发表在《宁夏教育》2018年第9期上。

发挥教读课文后"积累拓展"
的作用及实践

统编初中语文教材与之前的教材相比进行了新的探索和尝试，其中教读文章就设计了从单元的导语、课前"预习"到课后"思考探究""积累拓展""读读写写"这些栏目，这些栏目的设计无疑成为师生学习文章的助读系统。而"思考探究"和"积累拓展"两大栏目是在课后练习中出现的，但在实际教学中不免因为各种原因而没有发挥出"积累拓展"应有的功能，这势必会影响统编初中语文教读文章编写体例的良苦用心。如何让"积累拓展"得到应有的重视，结合本人所在的学校一年来使用的情况，以七年级教学为例，与大家交流探讨、切磋实践，以期取得良好效果。

一、明晰"积累拓展"的功能和作用

在实际教学中，本人发现许多语文教师对教读文章设置的每个栏目的功能含混不清，面对新教材，仍然沿用旧办法，虽然从教育厅教研室到县区市都有不同程度的对统编教材的培训和学习，但还需个人要深入学习弄懂统编教材编者意图，熟悉文章各个部分的能力训练的安排和功能。尤其是对"积累拓展"的功能和作用更要心中有底，这样才能更好地落实贯穿在教材中的许多新理念。统编初中语文教材中教读文章的课后练习包括"思考探究"和"积累拓展"两个层次，这样的课后练习是编者从本单元的教学要求和文章特点出发，目的是指导学生自主思考，更好地落实文章的教学重点。"思考探究"主要对课文主题意旨、内容情感的探究，而"积累拓展"主要针对语言方面，同时含有课外阅读的导向。在教学实践中往往出现把"思考探究"和"积累拓展"混为一谈的现象。

这两个课后题的差别以《邓稼先》为例：先来看课后"思考探究"第一题："初读课文时，哪些语段最让你感动？反复细读后，再想想这些内容是否最能体现全文所要表达的思想感情。"再来看看课后"积累拓展"第四题："本文分段较多，有时一两句就是一段，简洁精练、铿锵有力。试找一些例子，反复诵读，体会这些语段的表现力。"这两道课后练习题显而易见都关涉到文章语句，但指向却不同，"思考探究"第一题主要针对文章内涵情感的感悟，"积累拓展"第四题主要针对语言方面，侧重体会词语句的表达力。明确了二者的不同作用，切合编者意图，明确能力训练的安排。在教学中才能有效发挥"积累拓展"的功能。

我们还要更明确的是"积累拓展"中有许多拓展指向的练习，意图在于指导语文教师引导学生由课内学习向课外阅读的扩展，向社会生活的延伸，自主表达对文章的深刻理解层面。例如《说和做》"积累拓展"第五题："课外阅读闻一多的《太阳吟》《死水》《静夜》等诗作，欣赏其艺术特色，感受其中的精神追求。"编者通过"积累拓展"，提示了文章中主要人物的相关作品，激励学生课外阅读。引导学生阅读相关的拓展作品，意在让学生在丰厚的阅读经验基础上形象地立体地感悟中心人物。可以看出，"积累拓展"中出示的这些文章虽属"课外"但究其编者"内心"仍然是想和"课内"不断互动深化，有着千丝万缕的情结。统编初中语文教读文章在"积累拓展"中独具匠心的设计，期望引导学生从文章理解到语言积累再到课外拓展，多方面、多渠道学习，力求让学生将文本与文本以外内容建立起广泛的联系。在潜移默化中提升语文阅读素养。

二、发挥"积累拓展"作用的方法和途径

语文教师对"积累拓展"的功能和作用了然于心后，就责无旁贷地要落实好其在教学中的作用，让所学理念和教学实践相吻合。

1.让"积累拓展"在教学设计中摇曳多姿。

语文教师对新教材进行设计时，以整体教学构想为契机，努力把握好每单元、每篇文章构建的语文能力系统，还要把课后练习的"积累拓展"放在心中，善于抓住已设计好的"积累拓展"课后练习题，尤其是相关于文章语言层面的问题，根据教学需要，直接移植接洽到课堂设计中，可能往往比我们自己设计的问题要精准。比如《春》课后"积累拓展"题四就可以结合单元朗读重点、品味精彩语句的目标要求，在教学中指导学生朗读句子："盼望着，盼望着，东风来了，春天的脚步近了。"语句，通过语调、节奏、重音、停顿等朗读技巧指导，训练学生语感，感悟文字的意蕴内涵，这样的教学设计不仅承担着本单元、本课的重点任务，而且更发挥出"积累拓展"的助学功能。再比如《散步》课后"积累拓展"题四："课文多处运用对称的句子。画出这些句子，说说这样写的好处。"这道题设计的意图就是让学生关注文章中"对称句""回环句"的语言特点，在教学设计中把课后"积

累拓展"练习题和本课教学重点有机结合，作为教学环节引导学生找出更多例句，品味句式整齐、富有情趣的对称、回环句，增强学生语言美感，增加文章思想的内涵。这样既以整体的教学目标为前提，又灵活安排"积累拓展"课后练习题，使教学整体和局部完美结合，何乐而不为呢！实践证明把"积累拓展"接洽到"课堂"中比在"课后"当作练习做，要有效果的多。相信编者得知此事看到"积累拓展"在课堂上摇曳生姿，会满意地拍手称赞。

2.让"积累拓展"在课后作业中生根开花。

有些教读课文的"积累拓展"是适合布置成课后练习作业的，但要有布置有反馈，才不会让"积累拓展"的作用大打折扣。

比如：教读文言文中的"积累拓展"固定的练习题是解释语句中的重点词语，包括通假字、词类活用字、古今异义字等，相信语文教师对这些词语在课堂中都有所强调，课后必须让学生练习并记忆，慢慢有了量的累积就会有质的提升，这不仅是为了在平时的教学和学习中传承文化，还是积淀学生深厚的文化底蕴的途径。

还有一些教读文章的"积累拓展"是让学生能力从课内迁移到课外，把课内的"例子"延伸拓展开来，把发自内心的情感诉诸到笔端，达到学以致用的目的。比如：《从百草园到三味书屋》课后"积累拓展"题四："仿照不必说……也不必说……单是……"这个句式写一段 200 字左右的段落。"就可以布置学生课后作为"小练笔"以家庭作业的形式完成，这样还不算真正落实练笔的目的，第二天上交作业后，语文教师要跟进批改并在课堂中择时让个别学生朗读自己的佳段，教师再从描写的顺序、描写的方法运用等方面点评，让学生从课内感悟文章精妙之处的意会中迁移到自己习作的能力上。类似《最后一课》《老王》《寓言四则》课后"积累拓展"，都可以通过课堂学习感悟课后练笔深化，这样不仅升华学生情感，还可以训练学生的发散和逆向思维，培养联想和想象能力，这就达到了课内阅读与课外写作有效的关联。正如叶圣陶先生所说，"课文无非是个例子"。学生应当从课内文章中习得技法、提升素养、体味语感，再利用好"积累拓展"的设置练笔作业达到"举一隅而以三隅反"的能力。还有的老师以"特色练笔"的名称激发学生积极练笔的兴趣，同时也规范了班级语文作业的形式，只要老师布置今天有"特色练笔"作业，学生就会约定俗成地知晓要做课后"积累拓展"题。长此以往终会让"积累拓展"的作用在课后作业练笔中生根开花。

还有一些教读文章的"积累拓展"设置的目的在于讲一篇课文，附加若干篇课外阅读的文章。如：《纪念白求恩》课后"积累拓展"用意在结合课外阅读不同作家描写白求恩的文章，引导学生结合自身生活经验，思考人物道德情操、优秀品质的价值体现；《猫》课后的"积累拓展"引导同学课外阅读几个著名作家都在描写"猫"的相关文章，体会人物和动物之间的情感关系，进而反思人的行为；《从百草园到三味书屋》的课后"积累拓展"练习五就是引导学生结合本单元后的"名著导读"要求阅读《朝花夕拾》整部书还有《邓稼先》《黄河颂》《紫藤萝瀑布》《伟大的悲剧》等文章后的"积累拓展"练习题，都有拓展延伸学生阅读篇目的意图。以此达到培养学生阅读兴趣的目的。

针对以上"积累拓展"中要在课外自行阅读文章的"隐形"作业，作为语文教师也要想方设法跟进落实。

首先要给予学生足够的时间来阅读，尽量减少抄抄写写的"有形"作业，要让学生意识到语文作业其中包含很重要的一项就是课外补充类似的一些文章丰富自己在课堂上的阅读收获。

其次可以利用每周一节的阅读课上集体阅读这些文章，再进行小组交流讨论，使课内文章学习和课外有效阅读融会贯通、紧密关联。第三要加强家长培养孩子课外阅读的意识，宣传统编语文教材的变化和要求，利用家长微信群、qq群、教育云平台班级空间发布课外阅读文章内容，让家校更好地携手合作，学生的阅读能力才会在家校共育中得以提升。

3.让"积累拓展"在语文活动中异彩纷呈。

有些教读文章后的"积累拓展"是适合开展一些丰富多彩的语文实践活动，增加学生学习语文的机会。

有些"积累拓展"课后练习题可以在班级范围内开展活动。如：学完《黄河颂》后，结合课外阅读有关《黄河大合唱》部分，以班级小组为单位开展诗歌朗读比赛，人人参与，角色分工明确，课下认真练习，利用班会课或阅读课上进行展示。以朗诵的形式感悟黄河的英雄气魄，体会诗歌中生发出的爱国激情。还有学习《皇帝的新装》时，语文教师可根据班级学情、整体教学设计，可在课前布置有表演力的学生将童话改编成课本剧在班里表演，既让学生揣摩文本中各种人物形象，又锻炼了学生的语言表达能力。

还有一些"积累拓展"课后练习题可以在学科备课组、年级组范围内开展活动。如：整学期学习之后学科组语文教师根据文言文课后"积累拓展"要求，共同商讨开展"文言字词大盘点"活动，调动全年级的学生参与其中，加强学生对文言字词的记忆。学完七下《古代诗歌四首》古诗歌后，为了帮助学生背诵，借助当下电视媒体节目《经典咏流传》，利用午读时段班级媒体设备，全班学生"和诗以歌"，以此拉近学生与古诗歌的距离。学科备课组还可以提早统筹好一册书里教读文章后"积累拓展"要求课外所读的文章篇目，借助世界读书日等活动，开展班级和年级"读书分享会""演讲交流"等源于课本又广于课本的活动，实现课内外阅读的双赢。还可以借助学校组织的一些活动，如"经典诵读""诗词大会""课本剧展演"等与语文联系紧密的活动，激发学生学习语文的兴趣，让学生在活动中潜心体验，

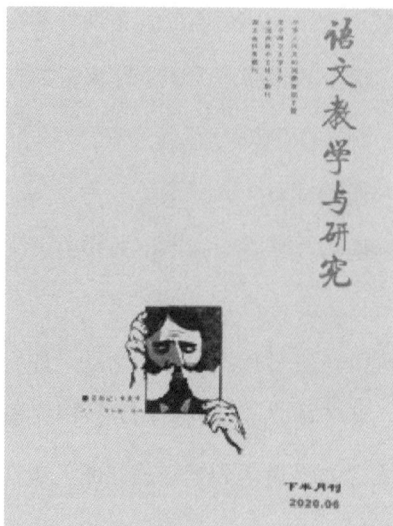

流连忘返，催生学生的语文情怀。学生在异彩纷呈的活动中参与体验与在课内外阅读中得到的感受相互印证，真正实现了"积累拓展"的内涵。

语文教师要善用"积累拓展"这一助学帮手，充分发挥"积累拓展"的作用和功能，主动开拓语文课内外阅读方法，灵活安排语文拓展活动，让"积累拓展"成为一片大有可为的天地，为学生的语文学习开创"别有洞天"的语文境界而不断思考实践。

（本文系宁夏第五届基础教育教学研究课题"初中语文积累拓展的实践研究"的阶段性成果课题编号：JXKT-ZW-05-084）

注：本文发表在全国核心期刊《语文教学与研究》2020年第6期上。

提高中考复习课教学实效性的有效策略

——银川二中教育集团初中校区中考复习课研讨有感

银川二中教育共同体初中校区于 5 月 11 日—13 日，由北塔分校牵头组织开展了"互联网 + 中考复习课"研讨活动，本人全程进行听课研讨学习。研讨课上就如何引导面临中考的学生实现知识方面查漏补缺，巩固扩大复习成果，方法上培养学生自主学习能力的研讨，是每位中考学科教师需要思考探索的问题，本人对此次复习课中呈现的优势与不足加以梳理，从以下几个方面谈谈提高中考复习课教学实效性的做法，与大家切磋交流，寄希望于此取得绿色复习，轻松备考的愿景。

一、依据课程标准，把握复习方向

每一学科的教研员在课后研讨时都一再强调《课程标准》对中考复习时的重要性。无论是常态课还是复习课都不能丢弃《课程标准》的要求。中考复习课要依据课程标准的要求，与教材中的知识点有机结合才能更好地实现复习课的教学目标，从而培养学生的学科素养。

如语文复习课例《理解记叙文阅读重点段落的作用》教师以重点词语为切入点教会学生根据重点词语分析段落在文章中的作用，在语文课程标准中对阅读理解的要求为要把握"字不离句、句不离段、段不离篇"的原则，这就为老师指明复习阅读理解类的知识点时一定要结合语境去答题的思路方向。英语复习课例《以读促写》，教师设计此复习专题是想通过精选阅读话题，培养学生在阅读中获取有效信息和体会写作结构的能力，为下一步的自己下笔写作做好铺垫。在实际课堂展示中，听课者感受到教师对课程标准中五级阅读要求把握还不准确，致使学生应具备的阅读微技能没有训练到位，也就不能让学生顺畅地达到以读促写的能力体现。物理课例《测量小灯泡电功率》教师将中考考点联系紧密，比如连接电路中容易出现的错误：电路故障、图像的分析、实验数据的处理等问题，在学生平时易错点上引起学生的复习兴趣。但教师在此基础上进行大跨度的拓展和提高后，学生兴奋点立马降至"冰点"，本节课的复习效果大打折扣。作为教师一定要研究学科课程标准中的教学要求，切忌不顾课程标准要求而加深、拔高要求，许多老师上复习课时有随意性和盲目性的现象，容易脱离《课程标准》仅凭直觉和经验的盲目复习，这样很难保证复习课教学的有效性。中考复习课只有始终将课程标准理念放在第一位，才能从教材整体上去把握复习方向，也才能真正做到深度挖掘知识点之间的内在联系，最大化突显复习成效。

二、认真设计复习课，优化教与学的实践

俄国教育学家乌申斯基说："复习不是单纯的重复，而是用旧知识的砖瓦建造新的高楼大厦。"想要让复习课更有成效，教师得有"建造"时的设计蓝图。思品课例《高扬民族精神》虽然是一节复习课，但教师从可视可感的视频导入，很好地烘托了本节复习课的情感，并为后续知识内容积累资料，此外还结合今年疫情这个社会热点，抓住时机对学生进行情感态度价值观的培养教育，让学生从内心感受到民族精神的力量，整节课的设计注重落实学生在生活中发现问题，不仅要让学生有知识的收获，还抓住一切机会对学生进行社会主义核心价值观的教育。数学课例《反比例函数与一次函数综合应用》教师先和学生一起回顾这两类函数的定义与性质，为后面综合应用奠定了扎实的基础，接着分模块将两类函数从图像问题由浅入深至综合应用，各类型题目充分给予学生展示的空间，由学生到黑板前进行讲解，提升学生的表达思维，最后以精选习题，直击中考，通过对比归纳得出函数问题的共性特征。整节课的设计由点到面、从浅至深，让知识系列化展示呈现，立足学情，培养学生解决问题的能力。

此次中考复习课展示活动，都让我们感受到做课教师的"设计"痕迹，而在以往复习课中"题海战术"仍然屡见不鲜，老师苦不堪言，学生疲于应付。但如果能将复习课进行有效设计，让其形成有效知识框架，帮助学生化难为简、完善知识体系。如何设计复习课呢？首先教师要善于总结学科知识点，能梳理出知识之间的联系性、主题性、系列性，精选的例题要有针对性、融合性、科学性。在老师的引领下学生按照不同的知识体系复习，数学、物理、化学学科最好利用思维导图形成知识结构，便于学生有效把握知识框架。其次，复习课要引导学生关注生活，要努力把教材中的知识生活化、生动化、具体化。

如语文学科要拓宽学生的视野，重视文化积淀；思品学科关注社会热点，渗透情感态度价值观；数理化学科更要注重用知识解决生活问题。再次，强调教师个人要提高复习课的认识，要有变"题海战术"为"深度设计"的实践与思考，让自身专业能力借复习课迅速提升。从学科备课组角度还要强调复习教学要充分发挥集体智慧，重视集体备课，通过备课组里教师任务分工集体众筹、交流研讨调整改进、实施探究优势互补，相信复习课一定会发挥出最大效能。

三、调动学生主动学习，让复习课充满活力

此次展示的课例，都有共同的亮点：充分信任学生，为学生提供展示的平台，将复习课堂还给学生。

其一：留给学生思考展示的空间。数学课例《与圆有关的位置》课堂上通过小组交流的方式解决了学生练习中的困惑，给学生留够做题思考的时间，进而在学生你一言我一语中提升思维，还有学生自告奋勇站到讲台前，为大家讲解归纳提炼证明切线的不同思路。化学课例《常见气体的制备和净化》通过实验探究认识现象的本质，将抽象的问题变得具体形象，学生动手操作，既获得了感性认识，又促进了理性思考。在复习课堂中多加一些以学生为主体的设计元素，多为学生提供动手、动脑、体验、感悟的机会，学生将自己对知识的理解呈现出来，教师适时引导帮助，既放手让学生解决问题，又培养学生不怕挫折，勇于创新的品格。这样的复习课良性互动充满活力。

其二：重视学生对知识的整理和分析。物理课例《欧姆定律》老师没有一环扣一环地讲解知识点，而是以示例为依据，以问题为导引，调动学生主动参与，发挥学生探索实践，让学生在观察与思考过程中不断对知识回忆整理、分析总结，消除对综合知识的恐惧心理，建立

自信心，从而提升学生运用知识、解决问题的能力。而在传统的复习课中老师最擅长的就是自己讲题，学生一直从上课听到下课，始终处于被动接收的状态，老师的"一讲到底"成为常规复习课的课堂形式。也就自然培养不出学生的高阶思维。复习课是重视学生的分析总结知识的过程，既让学生把记忆中的知识与现有思维用探究欲望连接起来，充分发挥学生的主观能动性，又能让学生在归整知识过程中理解知识、感悟内化、提升能力，不断培养综合素质。

其三：借助信息技术，激发学生学习兴趣。此次复习课展示中教师借助数字化教学资源、教学助手、电子白板，多种教学方法并用，引导学生思考展示、交流合作，充分发挥学生的主体地位，激发学生学习兴趣。在数学和物理课例中都有让学生利用电子白板互动功能，一边演示一边讲述自己的方法，学生在表述自己想法的同时，表达能力和思维能力得到了提升，知识点变得明白清晰。语文和外语课例中，利用教学助手投屏功能，及时展示学生习作，师生共同发现优点及时鼓励，有不足之处，在原处修改完善，及时纠错，学生在互动中相互启发、在交流中提高复习效果。还有的课例中老师利用信息技术本身具有的情境性与灵活性，利用交互式电子白板中书写功能、学科工具功能、图片拖曳功能、聚光灯功能及展台功能完成复习任务，从而激发学生的学习兴趣。借助信息技术与复习课内容有效融合，最终达到师生互动、生生互动、人机互动的目的，让学生真正动起来，这样才能提高复习效率。

借本次"中考复习课"研讨活动，需要我们继续围绕复习课教学深入探讨，在教学实践中，教师应坚持优化复习课教学模式，不断变革思维定式，改进复习课的应用策略，促进复习质量不断提升。

注：本文发表在《宁夏教育》2020年第7-8期上。

心物同型　文我相融

——散文意境教学之思考

　　初中统编教材中散文比重是比较大的，教师从意境角度展开鉴赏引导，能够让学生"心物同型，文我相融"。散文鉴赏有不同取点，如果只是从散文特征角度进行施教，其实效性是远远不够的，教师需要关注散文中的景、物、情、理、事，培养学生的独立意识、鉴赏意识、悟言意识，让学生感受、理解、鉴赏，达成心物同型、文我相融的目标。散文意境是其体裁特有的，具有独特性、创意性，能够让读者逐渐融入，教师要抓住意境做引导，体悟个性，内化认知。

一、观景观物，渐进意境

　　语文教材中的散文大多属于经典之作，其文学欣赏价值是极高的，教师在具体引导时，要对思考角度进行筛选。写景状物、叙事写人方面的散文，都有一些具象内容需要梳理，教师不妨引导学生学会观景观物，通过对这些具体形象的认知，逐渐走进散文意境，与文本展开对话。散文鉴赏关涉诸多制约因素，朗读诵读是必要条件，教师要在朗读环节给予一些学法指导，以提升朗读助学效率。散文描写对象不同、情感基调不同，其诵读语气和语调也有差别，从诵读中形成的阅读体验也会不同，教师不妨做出更多示范操作，让学生自然进入仿读环节。为渲染诵读气氛，教师还可以借助一些媒体手段，以调动学生主动诵读的热情。

作者写作散文有特定历史背景，其情绪思想的赋予也呈现一定的情景性，在阅读这些散文作品时，要对这些制约因素有一定了解，这样才能顺利进入散文意境，形成鲜活的阅读认知。如《昆明的雨》，这是汪曾祺先生的经典散文，文章带有怀旧色彩，通过写昆明的雨，串联起昆明雨季中的很多景、物、事，教师执教时，从观景观物角度进行设计和启动。首先，教师要求学生自主阅读文本内容，画出描写昆明的雨的特点的句子。学生行动起来，课堂阅读气氛逐渐形成。课堂展示环节，师生互动，对这些经典内容进行重点解析，形成鉴赏认知。其次，让学生梳理作者回忆内容，写了哪些景、物和事呢？学生开始阅读和思考，找出相关内容，进行课堂交互讨论。教师参与互动对话，课堂学习气氛渐浓。最后，教师要求学生归结散文的主旨，说说作者情感表达。经过一番思考和讨论，很快就达成一些共识：作者对昆明的雨很留恋，特别是那些景、那些物、那些事，都在作者心底留下深刻记忆，通过回顾和叙述，表达了对过往岁月的想念，以及对生活、对人生的热爱。

在教师引导下，学生对散文中的景、物、事有了一定了解，自然与作者达成更多情感的共鸣，确保散文阅读学习实现情绪对接。学生通过对散文诸多因素的探索，逐渐走进了散文意境，其阅读认知实现了自然升华。散文意象众多，唯有建立更多共识，才能形成心物同型、文我相融。

二、自读自悟，体会意境

阅读属于学生个性学习行为，具有独特性、自主性特征，教师要鼓励学生自主阅读自行体悟，由此建立起来的阅读感知会更为深刻而立体。初中学生有一定自读能力，如果能够借助一些教辅材料展开文本阅读，其自读效果是值得期待的。特别是一些写景抒情方向的散文，因为语言精美，自然有更丰富的调度力量，学生会主动展开自主阅读学习，形成个性阅读认知。在学生自主阅读环节，教师需要适度介入，提出一些阅读问题，投放一些阅读任务，可以给学生自主阅读带来一定指导，学生自主阅读会更为高效。

散文阅读有多种操作形式，让学生自读自悟，能够凸显学生学习主体地位，自然是不错的选择，教师要在学生自读之前做好教学调查，准备适合的阅读任务，让学生顺利进入阅读环节，并在阅读体悟中形成鉴赏认知。《白杨礼赞》是传统保留课文，通过对白杨树的描写和赞美，表达了对抗日军民正直质朴、团结坚忍的革命精神的敬仰之情。在发动学生自主阅读时，教师先就象征手法进行重点解读，要求学生对散文诞生背景有一定了解，并结合抗战主题展开深度思考，深入解析散文的主旨内涵。学生开始阅读鉴赏文本内容，教师深入学生群体之中，与学生一起讨论对话，逐渐形成一些阅读共识。为调动学生自主阅读主动性，教师投放了即兴演讲活动：白杨树是抗日军民的化身，自然构成中华民族的脊梁。围绕"我心中的白杨树"为主题，说一段话，表达对抗日军民的称赞和热爱之情。学生进入准备阶段，教师适时做出学法指导，从演讲语气、表情等方面给予一些提示。

教师要求学生自主阅读文本内容，给出阅读的提示，设计了即兴演讲的任务，都给学生带来感知体悟的机会。自主阅读是值得提倡的学习形式，对培养学生良好阅读学习习惯有重要促进作用。教师对自主阅读方式做出创新设计，能够给学生提供更有效阅读动力。自读自悟，让学生自然进入文本情境，其助学效果极为显著。

三、品词品句，鉴赏意境

品词品句是更为具体的鉴赏学习，教师要在教学方法方面做出一些探究，为散文经典片段鉴赏创造良好条件。学生对语言鉴赏是比较熟悉的，但学习方法存在更多短板，教师要进行学法传授，在鉴赏角度选择、鉴赏过程设计、鉴赏效果评价等方面做出积极探索，给学生提供更多学习建议。品词是对典词进行重点分析，要从词性、语法用途，以及表情达意方面做深度探究；品句是对句子进行用法鉴别，关系到句式特点、修辞应用、色彩赋予、长短结合等方面。另外，在散文选材、结构、立意、表达等方面还有太多特点需要关注，也关涉学法应用问题，教师要做好充分的预设和准备。

在教学《藤野先生》这篇课文时，教师先对散文成文背景做一些介绍，让学生对散文基本情况有一定把握。为激发学生阅读兴趣，教师要求学生找出文本中精彩的描写片段，并利用篇章中的表现手法，展开语言鉴赏学习。鲁迅先生的笔触极为犀利，其描写大多带有讽刺意味，学生很快就有一些发现。有学生找到第一段，描写清国留学生的丑态的内容。"也有解散辫子，盘得平的，除下帽来，油光可鉴，宛如小姑娘的发髻一般，还要将脖子扭几扭。实在标致极了。"在这段文字中，作者运用了比喻、反语等修辞方法。为给学生提供更多思维的起点，教师要求从其他角度展开思考：鉴赏离不开品词品句，如果从典词佳句角度展开思考，是不是有新的发现？教师布设后，学生都能够积极展开思考和鉴赏操作，很快就有信息回馈："油光可鉴、扭几扭、实在"等词应用特别有色彩，表现了清国留学生的丑态。

散文精彩描写内容众多，这无疑是重要学习切入点。教师从学法传授方面做出一些探索，给学生带来全新鉴赏体验。学生大多对修辞有敏感性，而对典词佳句缺少基本认知，教师从这个角度展开拓宽引导，自然形成教学成长点，有效提升学生用语鉴赏能力。

四、读思读写，融通意境

听说读写思是语文学科训练的基本操作形式，教师在散文阅读鉴赏教学中需要有融合对接意识，将这些训练手段进行科学整合，自然形成学习契机读思结合、读写结合是最为典型的操作，能够为散文阅读提供更多训练契机。"学而不思则罔，思而不学则殆。"散文阅读也是这样，教师要在读思结合方面做出具体的指导，让学生学会读思结合"读书破万卷，下笔如有神。"读写结合是最科学的设计，教师要多布设一些读写任务，以历练学生阅读和表达能力。

散文讲究意境，读者要进入这个意境，才能对散文有更深刻的理解，学生学识基础有限，在很多时候难以形成情绪共鸣，教师要做一些启迪性指导，让学生顺利进入散文意境，自然形成鉴赏认知。如《背影》，这是朱自清散文代表作，从这个角度可以看出这篇散文的价值，而初中学生在阅读时，往往形不成深刻的体悟，这是因为学生生活认知限制了其思维。如果只凭教师的解读是完全不行的，难以调动学生阅读思维。教师在阅读训练环节，推出一个特别的训练任务：这篇散文的题目叫"背影"，自然是指朱自清父亲的背影，可教材中没有插图内容，这多少让人感觉有些缺憾。深度阅读文本，请你给课文配设一个插图，呈现朱自清父亲的背影，准备参与班级展览活动。学生接受任务后，大多能够积极行动起来。有一部分学生迟迟不能动手，教师要求他们写一段话，以读后感的形式评价这个"背影"。课堂进入研读阶段。

散文训练中的读写有不同呈现方式，教师要求学生添加插图、写读后感，都能够促使学生自然进入到文本核心，感受散文意境的存在，并用自己的视角来回馈和表现。不管是绘画还是读写，都需要达成更多共识和共鸣，这样学习才会有更高价值。

"心物同型，文我相融。"这是散文阅读学习的重要目标追求。散文是重要文学样式，自然具有更高的文学鉴赏价值，教师要从观景、观物、自读、自悟、品词、品句、读思、读写等角度进行具体的组织和引导，让学生自然进入散文描写意境，与文本、与作者形成多重对话，在深度解析中建立散文阅读认知。散文阅读鉴赏有太多切口，教师引导学生从意境角度展开思考和操作，能够顺利抵达文本核心。

注：本文发表在全国中文核心期刊《中学语文教学参考》2021年第3期上。

鉴赏诗词，领略别样风采

在初中语文课堂中，教师在讲解古诗词时常常侧重意义理解，而忽略了从审美鉴赏层面指导学生，导致学生即便背诵了大量古诗词，也依然不得其要义。鉴于此，教师应重点培养学生的鉴赏能力，提升其对古诗词作品的赏析水平。

一、创设独特情境，促进诗词理解

在通常情况下，情境教学被视作一种常规教学模式，和其他教学方法并无多少差异。但是，情境教学最特别之处在于创设情境，而创设情境的目的一方面在于自然引入教学内容，使学生易于接受；另一方面在于使教学内容更为立体化，更具外延性。尤其是在初中古诗词教学中，如果教师让学生在实际情境中认知古诗词，就能提高学生的课堂积极性，进而提升学生的鉴赏能力。

例如，在学习《己亥杂诗（其五）》时，笔者先利用信息技术构建和战争相关的场景，为学生播放和晚清历史相关的纪录片，营造尽可能真实的情境，让学生对当时的社会背景有所了解。在这个过程中，笔者引导学生诵读诗歌，让学生结合"白日""天涯""落红""春泥"等字词展开想象，思考诗人真正表达的意思是什么。通过这样的情境，学生认识到诗人是在以"落红"自喻，虽然此时辞官在外，但仍然心系国家的前途，就像落红即使未坠尘埃，也要化作春泥，为新花提供生长的养分。此处也暗含着诗人会一直为国家培育人才，为国家作出自己的贡献。这样的教学设计降低了学习难度，可以使学生迅速投入到诗词鉴赏的世界。

二、只有"知己知彼"，才能百战不殆

"知己知彼，百战不殆"，原本是《孙子兵法》中的一句名言，若是放在初中语文古诗词教学中，就成了一个非常关键的教学策略，即"知人论世"。古诗词是由古人写成的，如果学生不了解这些诗人所处的时代背景和人生经历，就很容易误读。由此可见，只有让学生"知人论世"，了解诗人及其所写作品的背景资料，才能更好地进入古诗词的意境中。

例如，在赏读李清照的《渔家傲》（天接云涛连晓雾）时，大多数学生乍读之下，会认为这首词表达的是李清照的浪漫情怀，尽管在其多数的婉约词中显得风格独特，但也没有多少深刻的内涵。学生之所以会产生这样的误解，是因为他们不了解作品的创作背景，不了解李清照的情感变化以及人生经历。鉴于此，笔者为学生出示了这首词作的创作背景：自金灭北宋以后，宋朝统治者举朝南渡，南宋朝廷建立。李清照夫妇原本生活得极为舒适，但在南迁之后，李清照家中藏书及文物多数被毁，她和丈夫赵明诚也在兵荒马乱中各处流亡。而《渔家傲》

这首词正创作于这一时期。据载，李清照曾经在海上漂泊过一段时间，而《渔家傲》这首词中提到的"云涛连晓雾""千帆舞"等意象皆与这段经历相关。此时再读《渔家傲》这首词，学生从所谓的浪漫情怀中，又捕捉到了一丝别样的意味。虽然李清照南渡以后的生活极为颠沛流离，但由于积极乐观的天性，她不愿意接受现实生活束缚。即便前路茫茫，不知道希望在何方，但李清照还是用想象力为自己开辟了一个"理想国"，令其精神有所寄托。

在古诗词鉴赏过程中，如果学生不了解诗歌的创作背景，不了解诗人的人生经历，就很容易误读。所以教师必须及时填补学生的知识空缺，引导其体会诗词作品的深层内涵。

三、实施分层诵读，教师在实施古诗词教学时，一定要以诵读为核心步骤，这样才能更好地把握诗词的节奏、意境以及情感内涵。

例如，在学习《登飞来峰》一诗时，学生认为"不畏浮云遮望眼"一句应该是作者内心世界的真实流露，朗读时一定要回肠荡气才能凸显这句诗的气势与韵味。那么，诗人究竟给整首诗赋予了怎样的意义呢？带着这样的问题，笔者引导学生围绕关键诗句进行深入探究："在诗人笔下，飞来峰究竟蕴藏着怎样的意义？又代表了什么？"学生围绕"千寻塔"这个关键词，逐渐品出飞来峰的"高"，同时结合诗人王安石的人生经历，重点分析"千寻"这个词，体会到诗歌本身的情感基调。在此基础上，笔者引导学生在想象中思考；"此时此刻，在你的眼前能看到什么？你对诗人描述的画面有怎样的感受？你对此有哪些情感体验？"带着这些问题，学生在大声诵读中对飞来峰展开了丰富的联想，他们想到飞来峰高高地矗立在天地之间，不畏惧一切风霜雨打，而诗人赋予飞来峰的，正是这种不畏艰险、勇于进取的精神。

在古诗词鉴赏教学中，组织诵读活动，可以提高学生的古诗词鉴赏能力。教师优化诵读教学，对提高学生的古诗词鉴赏能力具有积极的意义。

四、关注诗歌意象，把握诗歌底蕴

要想理解古诗词中的情感，就一定要从意象的分析着眼。意象的选取往往源于生活，但是又高于生活，虽然有其直观性，但往往蕴藏着诗人自身的主观意念，具有极其强烈的个性化色彩。换言之，要想真正理解诗词，对意象的赏析必不可少，甚至是极为关键的步骤。因此，教师可从诗词意象入手，深入探索诗词中的情感底蕴。

例如，在教学《天净沙·秋思》一课时，为了加深学生对作品审美内涵的理解，笔者首先要求学生诵读作品并思考这样的问题："读了作品以后，你有怎样的感觉？作者表达了怎样的内心感受？你从哪些地方可以看出来？你能把这首小令的意思画出来吗？"学生在诵读后，发现了几个极为经典的景物，比如枯藤、乌鸦、夕阳等。笔者在此基础上向学生提问："作者为何独独选择这些景物呢？难道其他的景物不可以吗？"在热烈讨论后，学生进一步表示，作品中主要包括如下意象：枯藤、老树、昏鸦、断肠人、古道、西风、瘦马、夕阳。这些意象以非常紧密的方式排列在一起，为读者清晰地刻画出一幅游子深秋出行的景象，表达了诗人内心深处对家乡的思念以及身在羁旅的寂寥之感。在这个过程中，笔者让学生闭上眼睛，仔细回忆作品中的意象，试着想象诗词内容，并画出相应的行旅图。通过分析意象，学生对诗歌内涵有了更加深刻的领悟。

在古诗词教学中，对意象的探析必不可少，因为意象往往是经过诗人精心选择的，是符合其心境的，同时能够表达其情感。只有对意象展开深入赏析，学生才知道诗人究竟表达了怎样的情感内涵，对诗词情感的表现形式也会形成认知。

五、结合学生实际，感受诗词意境

鉴赏的前提是深入的理解和洞察，尤其对于古诗词更是如此。要想提高学生的古诗词鉴赏能力，必须让学生对古诗词的意境形成深刻的认识。意境是诗人内心世界的隐形表达，更是古诗词鉴赏的主要内容，可以为读者提供丰富的遐想空间。为了帮助学生更好地感知古诗词意境，教师需要立足学生的实际，从学生的日常积累入手，引导学生体会诗词意境。

例如，在教学《水调歌头》（明月几时有）时，在诵读结束后，笔者为学生介绍了苏轼的人生经历以及这首词的创作背景，学生由此体会到作者对胞弟的深深思念。在这个过程中，笔者从学生的生活实际入手，试着引导学生的思绪："面对皎皎明月，你想到了谁？又会想起什么？你对'此事古难全'这句诗是如何看待的？如果是你，你会如何面对？"在这样的引导下，有的学生想起了自己和家人过中秋节的时光，有的学生则想到了自己在外地务工的亲人，还有的学生想起去世的爷爷奶奶，虽然是中秋节，却不见得家家户户都能团圆。人生自古充满了变数，不如意事更是常有。此时，学生想到了苏轼的人生经历，认为苏轼实在是一个心胸开阔之人，他对人生有一种豁达乐观的态度。根据学生的个人理解，所谓"此事古难全"，其实是一种达观的态度。每个人活在世上都不容易，又岂能事事如意？就像月有阴晴圆缺一样，人生沟沟坎坎也是避免不了的。在这个时候，笔者继续追问学生："哪一句可以看作是整首词的点睛之笔？你是如何理解的？"学生不约而同地说出："但愿人长久，千里共婵娟。"在学生看来，这句恰恰解释了前面的那句"此事古难全"。人生不可能一帆风顺，只要以平常心对待这些不如意之事，即便家人身在千里之外，又有何妨？至少，大家共享一轮明月，团圆的日子终将来临！就这样，在笔者的循循善诱下，学生联系自身的生活经历，对作者的内心世界有了更加深刻的理解，对诗词的意境也有了更加深刻的认识。

通过上述教学环节，教师紧紧围绕文本和学生共同赏析诗词意境。在整个赏析的过程中，为了帮助学生理解，教师联系学生的生活经历，让学生从个性化的角度理解诗人表达的情感以及态度。在这样的引导下，学生不仅很快理解了诗词表达的情感内涵，其鉴赏水平也得到了显著提升。

注：本文发表在全国中文核心期刊《语文教学通讯》2021年第12期上。

语境学视域下的文本解读策略

语境是指语言应用的环境，包括意义语境、情景语境、文化语境、认知语境等。语文文本解读教学中，教师有意识地引入语境教学机制，以期为学生创造更多直观立体的学习感知和体验，让学生顺利进入到文本核心，深度发掘文本内涵，形成语言鉴赏认知。初中生有一定的阅读能力，教师引导学生做语境学习研究，让学生通过语境关联展开阅读思考，能帮学生对文本做出理性分析，也能促进其学科核心素养的成长。

一、依据意义语境解读文本

文本解读要有关联思考的意识，结合上下文做具体分析，进而获得丰富的解读信息。教师要深入到文本中，对文本具体意义做深度研究，以便做出更全面的解读，为学生提供更多阅读信息，培养学生主动关联的意识和习惯。初中生有一定的语言基础，教师指导学生展开文本阅读，让学生联系具体语境进行深入探究，学生会有更多阅读启示。

如教学《济南的冬天》，教师在解读"济南的冬天是温情的"这句话时，特别强调了作者情感的贯穿性，围绕"山""水"两个点展开描绘，将济南的冬天描绘成一幅幅淡雅的山水画。学生进入文本阅读时，对文本的情感意义有了明确的把握，自然能顺利展开阅读和鉴赏，对每一个景点的解读都充满了观瞻意识，这里的山山水水都有了灵性、与作者的情感息息相关，阅读这些文字就是在阅读作者的心灵日记，能快速形成情感共鸣。学生进行文本解读时，很容易陷入独立思考的思维窠臼之中，语言鉴赏关注的是修辞应用，这是很不科学的。教师引导学生从具体语境出发，联系上下文深度思考和梳理，能为学生带来更多学习启示，让学生对文本的理解更完整和系统，对作者的情感把握也更为深刻。

教师指导学生做文本解读时，可以从文本主线角度做梳理，引导学生进行关联性思考，联系上下文做讨论，这样可以为学生规划清晰的阅读路线。初中生思维比较活跃，但缺少稳定性，教师对此需要有理性认识，针对学生关注视角展开引导，帮学生建立阅读全局观，这对促进学生学习和认知成长有一定意义。

二、运用情景语境解读文本

所谓情景语境，是指语篇产生的情况、事件的性质、参与者的关系，包括时间、地点、方式等。教师在指导学生展开文本阅读时，要提醒学生关注一些情景内容，让学生对这些相关信息做关联思考和整合处理，这样才能获得丰富的阅读启示。教师在具体指导学生展开阅读时，要结合情景场面的描写方法和应用，对文本语言做鉴赏处理，完成深度解读任务。

教师执行教案时，要对一些情景语言做观照指导，引导学生做深度思考，在情感对接中建立文本解读认知。《秋天的怀念》是一篇叙事散文，文本展示了一组画面。每一个场面都带有一定的视觉冲击力，因为没有太多生活经历的积累，学生对这些画面不是很敏感，教师需要做一些阅读提示，让学生反复阅读，对作者情感做深入发掘，结合画面情景做深入对接。如自然环境描写，作者两次描绘"北海看菊花"，这是典型的侧面描写，衬托了人物的心情，起到辅助理解的作用。教师从描写角度、描写效果等方面展开解读和指导，让学生针对描写提示做深度阅读和讨论，逐渐掌握文本内涵，形成系统性阅读认知。

学生对文本内容解读时大多关注的是情节，而忽视一些细节描写。教师引导学生对情景描写作深入分析，找到作者情感寄托的载体，为学生带来更多阅读启示。学生阅读视角存在偏差是正常现象，教师需要有清晰认知，针对学生阅读思考题让学生做讨论，这样才能矫正其阅读思考的方向。

三、利用文化语境解读文本

语言带有社会属性，在文本解读时，要注意对文化因素做对接处理，利用社会主义文化语境的制约功能，为学生带来更多阅读提示，以达成阅读目标。所谓文化语境，是指文本的社会性，因为文本内容与时代、政治、文化、自然等因素都有直接关联，这些要素渗透在文本中，建立了社会文化语境。教师对文本展开深入解读时，要对这些因素做对应处理，以提升其语境解读效率和品质。

《散步》是莫怀戚的散文，带有小品文的特点。采用了以小见大的写法，通过描写一家人散步的小事，写出了生活中的一些意见分歧，最终反映出孝德文化的大主题。学生对这个文化背景不是很清楚，教师在阅读指导时，针对孝德文化背景做关联分析：中华文化中孝德文化占据重要位置，"百善孝为先"是古训，也是传统文化的精髓，现代人更需要建立孝道。围绕这个主题展开文本阅读，会顺利进入到文本核心。学生顺着这个阅读路线进入文本解读环节，找到了很多问题答案。在阅读讨论环节，教师组织学生做阅读发言，学生都能结合孝德文化内容做解读，课堂互动气氛和谐。教师对学生的个性学习认知，设计更多阅读思考任务，鼓励学生对接生活，结合自身家庭情况，对文本主旨做深度解读。

教师从孝德文化大背景角度展开解读引导，为学生规划阅读路线。从学生阅读观点展示情况能够看出，教师背景解读引导是比较适合的，能成功激发学生的阅读思维，在广泛对接中建立阅读起点，在深度研讨中达成学习共识。阅读是学生个性学习行为，教师从社会文化角度进行干预和指导，获得丰富阅读启示，学生积极响应和回馈，其学习体验更为深刻。

文本解读与语境学相对接，能产生丰富的学习启迪，教师深度研究文本内容，结合文本上下文语境、情景语境、社会文化语境、认知语境做阅读设计和发动，能给学生感官带来更多触动，推动其展开创造性阅读和思考。文本解读不是单纯的意义分析，需要更多信息支持，让学生建立全面而立体的阅读感知，教师围绕阅读教学目标要做好语境设计，以提升文本解读品质。

注： 本文发表在全国期刊《教育实践与研究》2022年第20/23期上。

"双减"背景下初中语文作业优化与设计

"双减"政策的出台，需要语文教师在日常教学中关注课堂的同时，将作业纳入教研体系。思考如何更加优化地设计作业，如何正确引领学生利用好课余时间等。那么要如何提高作业设计质量，如何给学生优化作业呢？什么样的作业才是好作业？这些对语文教师的创造性和挑战性提出了更高的要求。

一、优化语文作业的现实要求

在日常教学中，语文作业往往只停留在"布置"层面，缺少设计和思考，大部分教师设计的语文作业，大多是依照文本内容和考试的知识点设计的，盲目地注重知识与技能这个目标，窄化、弱化、误解作业功能。忽略了语文学科价值及对学科思维和关键能力的培养，从而产生了作业指向性不明确、形式单一且量大、思维含量低等问题。

针对教学实际出现的问题，"双减"文件要求将作业设计纳入教研体系，从三方面进行作业改革：一是严格控制作业时间和作业数量；二是杜绝简单无效作业，开展体现素养导向、符合学生学习规律和年龄特点的作业设计；三是拓展作业类型，丰富作业形式，加强基础性、实践性、探究性、综合性、跨学科、个性化作业的设计，充分发挥语文作业的育人功能。

二、优化作业结构，关注学生发展

"双减"政策和新课标中都强调提高作业设计质量，增强针对性，丰富类型，合理安排难度，有效减轻学生过重学业负担。在"双减"理念下，提高语文作业设计的质量，教师必须吃透教材，从作业结构出发，总观教材内容结构，根据学习目标进行内容选择，注意不同知识点的内在联系，在内容、形式方面体现出"学生为本"的作业题目。

教师在设计作业时侧重核心知识，突出能力导向。虽然"双减"要求教师不能再简单地给学生布置机械性、重复性的无效作业，但这并不是不要基础。在设计基础知识类的作业时，把握当天课堂所学重点知识性作业和能力性作业的占比和时间分配，以语文学科主干知识的掌握与应用为基础，通过形式多样的设计让知识活起来，在牢固掌握基础知识的同时，注重思维能力的训练。例如：学习了《一着惊海天——目击我国航母舰载战斗机首架次成功着舰》后教师布置了以下几种形式的作业：1.用思维导图形式梳理通讯文体知识；2.参照课本第 17 页"怎样写消息"将文章改写为一则消息；3.选择一份报纸（如《人民日报》等）多读几篇通讯，了解通讯的内容，体会通讯这一新闻体裁的特点。这三项作业设计意图既体现出积累知识形成语感的基础性地位的思维总结，又借助建构在语感的基础上学生易于总结通讯的规律的语理写作，树立学生养成经常浏览新闻类报刊、网站的习惯。

整个作业设计满足语文学科必备知识和能力的要求。

作业目标与课堂学习目标要有机结合，而且作业目标要回扣课堂学习目标，这样的作业设计才会有针对性。例如在学习余光中的《乡愁》时，根据单元学习任务要求和班级学情设定的学习目标：1.涵泳品味，把握诗歌意蕴；2.学习朗读技巧，读出感情和韵律；3.选择一个对象，尝试创作一首小诗，抒发自己的情感。根据课堂学习过程，落实了第1、第2学习目标，教师就要考虑作业目标和学习目标的一致性，再结合学生的诗歌知识储备、语文基础和学习能力等差距，于是设计了以下作业：1.阅读两首以上有关乡愁的诗。设计意图是在课堂学习的基础上多读有关乡愁诗歌，能让学生走近诗歌、走近作者，从而与作者共情。2.选择一个对象，试写一首有关乡愁的诗。设计意图是让学生深刻体会乡愁是我国一种传统的民族感情，从古至今抒发故国故乡故园之思的诗歌数不胜数。作为中国人，尤其是青少年更应把这种情感传承下去，通过试写诗歌，用最简洁的语言，表达丰富的内涵，锻炼学生的写作能力。

作业内容设计也要针对不同层次，甚至是同一层次不同性格学生的爱好需求进行分层设计作业。作业种类可以设置灵活一些，必做与选做共存，让学生借助已有的语文知识，主动感受语言思维规律，实现审美追求。例如，在学完七年纪下册第一单元课文《邓稼先》《说和做》《回忆鲁迅先生》《孙权劝学》后，可以这样设计单元整合作业：1. 喜欢绘画的你，任选单元课文中人物及相关事物画下来；2. 喜欢写作的你，任选本单元课文写一篇推荐序言；3. 喜欢手抄报的你，查找资料了解为国家富强而奋斗的杰出人物故事，和小组同学一起做一份手抄报。教师根据学生的阅读能力，设计不同思维层次的作业，使每个学生都能得到最佳发展。让作业真正成为课堂教学的巩固、延伸和拓展。

三、拓展作业类型，提升学科素养

在《义务教育语文课程标准（2022 版）》中明确作业是培养和诊断核心素养的重要领域，在拓展作业类型时要以语文课程标准和培养学生核心素养为导向。作业形式包括写字、阅读、日记、习作、主题考察、跨媒体创意表达等；只有把拓展创新作业类型和教材功能、能力训练的安排以及体现语文育人功能的班级、年级、学校开展的活动相结合，才能促进学生的语文学科思维和学科素养的全面提升。

拓展创新作业类型要和文本后的"拓展积累"要求相结合。

统编版教材需要教师熟悉文章各个部分的能力训练的安排和功能，弄懂统编教材编者意图。例如：完成《壶口瀑布》课堂教学任务后结合"积累拓展"第五题布置课外篇目的阅读作业，体会他们在选材、构思、语言等方面的特点。这样的阅读作业意在引导学生阅读相关的拓展作品，激励学生通过课外阅读增广见闻。例如：学习《范进中举》后结合"积累拓展"第五题布置作业：发挥想象，添加细节，将课文改编成课本剧，包含矛盾冲突、人物语言（对话、旁白、独白）、舞台说明。教师借"积累拓展"的功能布置作业会更好地让学生知识得以强化，能力得以形成，素养得以积淀。

拓展创新作业类型要和预习作业相结合。有些课文是需要课前预习环节，在初步理解的基础上，才能进一步深入学习。尤其在学习古诗词时，教师经常布置一些对诗词内容进行翻译的预习作业，引起不了学生太大的兴趣。如果把预习作业按照拓展创新的思路布置，会起到事半功倍的效果。例如学习范仲淹《渔家傲·秋思》和辛弃疾《破阵子·为陈同甫赋壮词以寄之》两首词前，预习作业可以这样布置："假如你是作者本人，依据词内容，以战地日记的形式真情写出自己的所看所想所思所感。"相信这样的创新作业很快就让学生走进词中情境，还激发了学生主动探究词中内容体会到学习的乐趣，促进学生诗词鉴赏能力的提升。例如教师布置学生阅读《水浒传》古典小说全文时，提前布置三个阅读探究专题作业，让学生任选其一完成：1.用思维导图或表格的形式梳理你最喜欢的章节或人物；2.选取最喜欢的人物，为他写一篇自传，记录他的人生轨迹、英雄事迹和个性特征；3.选择小说结构、人物刻画、小说语言等任一个角度写一段赏析文字。提前布置作业可以指导学生正确选择内容，培养阅读技能。学生可探究小说情节，也可探究人物形象，还可探究小说的艺术特点，这样的阅读有助于推动经典文学阅读，尊重学生的阅读兴趣，促进学生全面提升语文素养。

拓展创新作业类型要和学校年级组织的活动相结合。语文是一门基础课程，通过相关语文学科活动体现对课堂教学内容的融合性，使学生语文综合素养得到全面提升，进而发展学生的语文能力。这就需要语文教师在日常教学中思考如何通过学校或者年级组织的活动，优化整合作业设计以此激发学生兴趣。如：学期学习时备课组教师可根据文言文字词要求，共同研讨开展"文言字词大盘点"作业评比活动，调动全年级的学生参与其中，加强学生对文言字词的记忆。备课组还可以提早梳理好整册书里要求课外所读的阅读篇目，借助世界读书日等年级活动，开展班级或年级"好书分享会""读书演讲会"等源于课本又广于课本的阅读作业展示活动。还可以借助学校组织的一些课外活动，如"经典诵读""诗词大会""课本剧展演"等与语文作业联系紧密的活动，激发学生在积极的语言实践环境中积累和构建良好的语言能力和品质，让学生在与作业相关的活动中潜心体验，流连忘返，催生学生的语文情怀。

四、重视综合作业，促进实践探究

新课标还指出初中语文课程要承载的核心素养是文化自信、语言运用、思维能力、审美创造。这就需要语文作业设计要重视引导学生综合实践、探究启迪、走向生活。更需要教师拓宽语文教学和运用的领域，注重跨学科的学习和现代科技手段的运用，使学生在生活情境中实践探究开阔视野，提升学生用以致学的本领，初步养成现代社会所需要的语文素养，帮助学生形成正确的审美意识和健康向上的审美情趣以及正确的生活价值观。例如寒假来临，语文组响应学校五育并举全面发展的教育理念，布置了丰富多样灵活创新的作业：1.收集春节期间所读到的春联，或者自己撰写春联，将身边及收集到的年味儿画面拍摄下来，比如和父母一起打扫装饰房间、置办年货、张贴对联、烹饪美食等制成PPT；2.用自己喜爱的材料制作成一个或多个喜气美观灯笼，并在灯笼上粘贴自己创编的一则灯谜；3.将除夕至初五的家乡饮食文化搜集整理，做一张春节年俗的通关攻略手抄报；4.围绕春节文化主题（团圆、亲情、年俗、展望等）学生自由选择主题，自由组队，每组围绕所选主题形成一篇公众号文章，在学校文化公众号发表。像这种综合实践型作业充分利用学生的优势，考虑学生的创新思维和兴趣爱好，鼓励学生带着兴趣和热爱投入到实践探索过程中去观察和思考，让语文学习成为实践的旅程、生活的淬砺、情感的撞击。

总之，在优化设计语文作业时既要考虑"双减"文件和《语文课程标准》的要求，还要考虑学生的实际情况，体现语文学科核心素养，有机结合课堂内外，努力探索作业优化的有效途径，实现语文作业的真正价值。

注：本文发表在2023年第4期《宁夏教育》。

德育为先，强化初中语文教学的育人功能

新版义务教育课程方案和课程标准以习近平新时代中国特色社会主义思想为指导，强调教育要遵循教育教学规律，坚持德育为先。语文学科在众多科目中发挥德育功能优势非常明显，因此语文学科应当担负起德育责任，挖掘教材中育人要素，激发学生成长因素，强化语文教学的育人功能。

一、挖掘语文学科中的审美元素，培养学生人文素养

语文教材中许多文章具有审美特质，这种文学美是纯洁道德、丰富精神、塑造美好心灵的重要源泉。教师可以借这些美的素材丰富学生的情感体验，塑造学生美好心灵，培育学生的审美眼光和审美能力，开阔学生的人文视野，积淀学生的生命底蕴。

语文学科中汉语是一种"美的存在"，鲁迅先生认为汉字"意美以感心，音美以感耳，行美以感目。"语文教师要善于发掘出

课文中的关键词语的"美点"，培养学生的审美鉴赏眼光。例如《背影》这篇散文中，描写父亲过铁道给我买橘子的详细过程中"穿""爬""攀""缩""微倾"等的关键词语，品味父亲对儿子深情厚爱，领会文章语言的简净之美、素朴之美，看似平淡的语词，在具体的情境之中，塑造出父亲这一动人的艺术形象，使学生在质朴丰富的语言中受到人文熏陶和精神追求。

在初中语文教学中，语文教师不仅要引领学生品味语言之美，还要让学生体验语文中的情意之美，正所谓"感人心者，莫先乎情。"有时候一个词语、一个句子、一段话都能体现出中华美德与民族精神。文章《秋天的怀念》中许多细节是母亲动作与语言、神态描写结合起来做了细致入微的刻画，教师可以借助文章中蕴含丰富的语词、语句、语段，引导学生细细感受对儿子真挚无私的母亲形象，潜心内化跃然纸上的母子深情。学生内心情感被催化出来，对学生有很强的感染力。教学名著导读《艾青诗选》如何读诗这一单元专题时，教师通过自主探究任务单的方法引导学生阅读艾青诗歌《手推车》《太阳的话》《树》《礁石》《鱼化石》找出意象，概括其特点，结合关键词句探究其蕴含的情感。学生细读品析小组交流，体会作者内心对生活中美的追求，以及在艰苦磨难中不气馁、不妥协，勇敢面对人生的执着信念。学生在浓浓的诗味中获得前进力量，积淀人文素养。

统编版语文教材中写景状物、生动形象表达情感的作品比比皆是，这些作品文质兼美、写法多样，再现了宏伟瑰丽的自然景观，表达美好感情，提升学生的审美素养，潜移默化学生的情感趣味、气质胸襟、温润心灵、激励精神。例如教学《壶口瀑布》时，引导学生体会动静相生、虚实结合、比喻拟人、排比夸张等手法的运用，学生含英咀华涵泳品味壶口瀑布的雄起奔腾、跌宕激越的形象内涵，由此感受启发联想到黄河"博大宽厚、勇往直前、刚柔并济、遇强则抗"的性格品质，犹如我们中华民族伟大品性。学生通过形象鉴赏，思想情感受到启迪，达到以情感人的结果。其效果远远胜过空洞的说教。

二、挖掘课文素材中的德育元素，形成良好情感价值观

新版《语文课程标准》中指出："在语文学习过程中，培养爱国主义、集体主义、社会主义思想道德，逐步形成正确的世界观、人生观、价值观。"统编版初中语文教材中不乏选材丰富，蕴含多种德育因素，如诚实善良、乐观豁达、坚持不懈、英勇无畏、忧国忧民等精神品质。这些精神品质借文章中的艺术形象体现出来，学生受到真善美的感染，净化陶冶心灵，形成良好的人生观价值观。

例如《孙权劝学》中一番劝言的描写，关注人物的身份、语气、语态、语境等表现出孙权的善劝。既有严格的要求，又有殷切的期望，那种庄重而语重心长的神态斑然可见。使学生在立志和为人方面受到启发。《渔家傲·秋思》引导学生围绕"异"字，领略大漠奇寒奇异特点，体会词中戍守边疆的战士壮志难酬的遭遇，虽当时战事吃紧，作者仍有坚定勇毅的驻守边疆的信心，感悟作者内心深处的家国情怀，同时也提升了学生的气质胸襟。《美丽的颜色》一文中多次引用居里夫人自己的话，展示出传主的心理感受，张弛有度的叙述节奏，使学生仿佛置身于残破的棚屋，看到居里夫妇忙碌的身影，领略到科学家的乐观与坚守。学生在感受人物形象过程中，不仅了解了人物的精神品质，同时也将这些人物身上的正能量潜移默化地传递到学生心中，影响学生一生的精神追求。

语文教学中要求背诵古今优秀诗文，不仅增加学生积累，从中汲取智慧，而且还可以达到修心养德的目的。2014年国家最高科学技术奖获得者，中国氢弹之父于敏在谈起自己隐姓埋名无私奉献30年

的感想时说："一个人的名字早晚会消失，留取丹心照汗青！"由此可见，经典名言对科学家立志与为人的影响之深。正如"诗"能够使人从伦理上受到激励，懂得行为规范，陶冶性情和德行。语文教师要担负起指导学生背诵古诗文中经典语句或片段的任务。"静以修身，俭以养德。""大漠孤烟直，长河落日圆。""安得广厦千万间，大庇天下寒士俱欢颜！""乡愁是一湾浅浅的海峡 我在这头 大陆在那头""千古兴亡多少事？不尽长江滚滚流。"学生面对这些名家名句从朗朗上口记忆背诵到潜心入脑塑造心灵，久而久之吸收了优秀文化的精华，学生定会强筋健骨涵养品格，实现习近平总书记所要求的，"弘扬中华优秀传统文化，让祖国青年一代身心都健康成长"。

三、落实革命传统作品的德育价值，培养学生爱国情感

《新时代爱国主义教育实施纲要》指出："充分发挥课堂教学的主渠道作用，将爱国主义精神贯穿于学校教育的全过程。"而语文教学是爱国主义教育实施的主阵地。入选统编版语文教材的优秀革命作品，作者或是革命斗争的亲历者，就像毛泽东主席这样的伟人，他的作品展现出强烈的英雄主义、浪漫主义激情，极具有个人风格魅力；或是现当代文学的书写者，就像鲁迅先生这样的大师，他们的作品深邃犀利，是白话文学作品的开创者，这些作品既是学生研习写作技巧、体式风格的典范，更是学生提升精神内涵，实现立德树人根本任务的重要载体。

古往今来无数志士仁人回顾过去、展望未来，以文学诗歌的形式抒发自己深沉博大的情感和崇高坚定的理想。《梅岭三章》组诗是革命者陈毅同志在生死关头的告白。诗人以"泉台""烽烟""旌旗""捷报"等意象表达了革命者不屈的战斗意志和对革命必胜的信念。学生感知

背诵时理解革命者的理想信念和伟大人格。教学秋瑾所写的《满江红》这首词时，引导学生通过朗读方法感知词中要求妇女独立与解放的女性形象，指导学生朗读长短不一的句式，时而抑扬顿挫，时而低沉昂扬，留给学生想象空间，还原出作者立志要挽救国家民族的危亡，决心寻求救国之道的女侠形象。例如文章《闻一多先生的说和做》通过让学生模仿人物角色朗读语言，体会闻一多先生慷慨淋漓的大骂特务，"说"得动人心鼓壮志的慷慨淋漓，一个无私无畏、大勇的革命烈士形象在语言中显现。为此，教师在引领学生研习这些革命传统作品时，不仅要归纳总结篇章行文的艺术主旨和思想情感，还要借助鲜活生动的英雄人物形象和具体可感的历史情境，感染激励影响学生，使革命精神薪火相传。

研习革命传统作品还要整本书阅读，更好发掘作品本身的精神感染力。新版《语文课程标准》要求："阅读革命文学作品，如《革命烈士诗抄》《红岩》《红星照耀中国》等，体会评析革命领袖、革命英雄的爱国精神和人格魅力。"引导学生发掘整本书中革命精神感染力，让书中的英雄人物和仁人志士成为学生心中的偶像，使革命精神如春风化雨自然融入学生的精神成长过程中。

为了让学生能够在具体的时代情境和场域中联通历史，理解革命战争中仁人志士的精神情感价值，教师可以课内外结合，介绍引导学生观看有关革命战争素材的影视作品，如《血战湘江》《觉醒年代》《人间正道是沧桑》《金刚川》《长津湖》《跨过鸭绿江》等，在观后感中学生一定会把历史画面、激烈旋律和革命信念深深烙在心里，实现革命传统作品的德育价值，从心底产生对和平美好生活的珍惜和对祖国的热爱。

四、感受习俗风尚中的价值意义，弘扬中华优秀传统文化

统编版初中语文八年级下册第一单元收录四篇有关中华习俗风尚的文章，要让学生感受到中华大地多姿多彩的地域文化和丰富多样的生活方式。鲁迅先生在散文《社戏》中善用"人生经验通感"手法，让不同时代的民众读来都能产生向往淳朴和谐生活的共鸣。学习这篇散文时，以问题驱动通读全篇理解那夜中普通的"豆"和昏昏欲睡的"戏"好在哪里？应是淳朴民风和童真童趣和家乡的民风民俗，让作者多年魂牵梦绕，挂念在心。学生内心在这场民俗风情"社戏"中播下继承和弘扬传统文化的种子。《回延安》这首陕北民歌再现中华民族"延安精神"的发源地的生活场景和细节，采用"信天游"的形式，让学生体会诗中具有地方特色的词语透出的浓郁风采，课后作业可延伸阅读《延安，我把你追寻》《小米的回忆》《记一辆纺车》，从这些诗文中了解"延安精神"的内涵。《安塞腰鼓》是一篇适合大声朗读教学方式的文章，引导学生体会文中句式丰富多样，语言充满激情，好似安塞腰鼓的粗犷豪放、荡气回肠的特点，正如生活在这片土地上具有强烈的生命律动的人们，以此感受广阔丰盈的陕北地域风情。作家吴伯箫写的《灯笼》文中，以散文的自由笔法，抒写了关于灯笼的乡情民俗。小小灯笼不只是孩童的玩具和节日喜庆的象征，而是承载着厚重的民族文化内涵。学生研习这些蕴含传统文化和习俗的文章，心中定会升华爱国情怀。

语文综合性学习可以结合中华传统节日特点开展一些生活实践的活动。端午节来临，可以布置"家乡传统文化"探究作业，学生围绕这一主题有的小组合作一起经历包粽子的全过程，有的查阅或听闻全国各地端午节的不同传统习俗，有的设计学做香包、香囊和五彩绳，动脑动手营造节日气氛。再如寒假春节来临，语文组布置了灵活丰富、

多样创新的作业：收集春节期间所读到的春联或者自己撰写春联；用自己喜爱的材料制作成一个或多个喜气美观灯笼，并在灯笼上粘贴自己创编的一则灯谜；将除夕至初五的家乡饮食文化搜集整理，做一张春节年俗的通关攻略手抄报。带着热爱和浓浓兴趣的实践探索过程中，进一步了解了我国传统节日中风俗民风，从心底里产生对祖国的热爱情怀。

总之，强化语文学科的育人优势可以从发掘语文学科中的审美元素，挖掘课文素材中的德育元素，落实革命传统作品的德育价值，感受习俗风尚中的价值意义这几个方面来培养学生人文素养，使学生形成良好情感价值观，推动学生全面发展，弘扬中华优秀传统文化，培养学生爱国情感，为中国特色社会主义事业培养合格的建设者和接班人。

注：本文发表在 2023 年《宁夏教育科研》。

成长
问情

满世界都是路，我选择自己的脚步

这是一段个人成长史的回顾，了解太多名师走过的路，发现自己想说的话，在你之前有人都说过了，满世界都是路，你很难再踩出新路，顶多选择一下自己的脚步。

一、读书之路助我成长

我和大多数老师有一样的经历，大学毕业按部就班日复一日，但就在某一天发现自己以前所学的知识好像已到山穷水尽时，自己就在一个点转圈。

我想大家可能都和我有同样的疑问，随着年龄的增长我们真的会日渐成

熟吗？我认为没有那么容易，学生时代，有老师、父母的引导，还有学生身份的约束，而到了工作以后，听到最多的是父母对我们说："你应该自立了！""你真正成熟了！"学校也要"骨"着干。实际上从大学毕业到 40 岁是每个人爬坡的阶段、是摸索的阶段，需要实践，更需要有人来引导，这个人对于我来说就是"书籍"。回过头来比较学生时代的读书和工作之后的读书，效果是不一样的，学生时代的读书，是一种被迫的接受，而在自己有一定工作、社会经验后，重拾书本，真的是能找到豁然开朗的感觉，最主要的是能给自己在成长道路上答疑解难。在教学中，当我们遇到困难的时候，我们仅仅凭借个人经验是无法解决问题的，而真正有效的专业成长方式关键是阅读，自己能够通过读书结合教学实践再积极反思，也许就会找到问题的良方。

读书让自己无论在生活上还是在为人处世上都能受益匪浅，读书之后能看清生活方向了，会和同事相处了，也会和家人交流了。

渐渐地，我就在想作为一位教师，我们拥有的财富是什么，谁又能给予我们财富呢？一些名师之所以有"名"与他们爱好读书分不开的，我想他们身上的那份教学时的儒雅，谈吐时的睿智，送走学生时的淡定，让我们真是羡慕。所以，别让年轻越长大越孤单，思来想去还是自己给自己留下点财富吧！读书长知识，这是谁都抢不走的财富，当送走学生的那一刻，不会觉得自己仅有的知识就让学生带走了，读书给自己留下的积淀，内心应该是丰盈的，让我们也会从容地走我们自己的道路。

书确实是挖掘不尽的财富。作为教师又应选择哪些书来读，才有助于自己专业的成长呢，这固然要根据自己所教授的学科来定。但我觉得只要自己感兴趣、有意义、长见识、增知识的书籍都可翻阅。都可变为自己的财富。

浩瀚书海，选哪些书，适宜自己看，这也要看自己和哪些书有缘结识，我是爱看一些散文小品、人物传记。这个寒假，不经意间遇上教科所王玮光所长所著的《逝者如斯》上下两册，我利用寒假时间读完，很尽兴。从书中又让我盯上了未曾谋面的国学泰斗张中行先生的《负暄叙话》三本书，从网上又购买了这些书，所读之书成为我阅读下一本书的二传手，这就叫书缘。

我喜欢女作家毕淑敏所说的一句话：日子一天一天地走，书要一页一页地读，清风朗月水滴石穿，书就像微波，从内到外震荡着我们的心，徐徐地加热，精神分子的结构就改变了、成熟了、书的效力就凸显出来了。生活因女人的存在而美丽，女人因书籍的滋养而变得更加聪慧。

有人说：一个家庭中女主人是否喜爱阅读，决定着家庭下一代是否会喜爱阅读，我相信身教重于言教，我的女儿在我的影响下，也喜欢读书，让我很欣慰！起码以书为伴，在孩子成长过程中就不会孤独。

而对于老师要读书又岂是那么容易的，每天要处理家务，每天的教案要写，每天的作业要批，每天还要与学生谈话，每天有许多的杂事要应付，哪有时间读书？

我总觉得只要想读，就会挤出时间去读，"永远不恨其晚，读永远比不读强"。

一个人成功的因素不只是读书。但是，读书却是一个人成功的重要因素。尤其对一位老师来说，读书可以让自己超越个人和校园的局限，找到自己的定位。

在 2006 年的中考中，我所带的班级无论是成绩还是上线人数，都还算可观吧！让领导对我有了重新的认识，也开始获得兴庆区级的荣誉。2007 年，我又获得银川市优质课一等奖，也就在那一年代表银川市参加全国语文优质课比赛获得一等奖，自己有了一份教学上的认可。就像马斯洛需要原理中将需要划分为五级，我认为那时的我，已得到尊重的需要了，这也是作为教师往往不在乎钱包有多鼓，但在乎别人对自己的认可度。

作为教师该怎样上课、该怎样处理班级事务，校长不会每天告诉你，是自己学会独立去处理，慢慢也就提高了自己果断处理教育教学的能力，个人自由发挥的空间宽了，自己的价值也就体现得大了，也就觉得越来越适合做老师了，心情也就越来越好了。

有人说："我们也许改变不了自己的人生长度，但是我们通过读书，可增大我们的人生宽度。"

二、班主任工作之路帮我成长

工作这些年，除掉生育孩子的一年，其余时间一直担任班主任，也可谓磕磕绊绊、摸爬滚打而来，刚带班的几年，甚至分到我班级的孩子，又托关系转到其他班去了，说实话，挺受打击的。但我想这个坎如果迈不过去，我就不可能在班主任行列有一席之地。

当过班主任的教师知道，自己无论是教哪门课，不用加太多油，学生都会重视，而且成绩不会落在后面，这就是当班主任的好处，而且"名师"，都是以当班主任出名。我个人认为如果一位老师没有担当过班主任，那么教师生涯是不完美的。一位"好"班主任的标准是"没有标准"，但只要老师是一位有心人，就可以做好班主任的工作。如果再把这种有心天天坚持，就可以称得上有责任心的好班主任。那么你离名师也就不远了。

一位班主任应处理好与学生、家长的关系。对学生要哄，但要真心地哄，哄得让学生真心佩服你，他就会真心去努力！我想每个班主任都有自己哄学生的高招，我就不展开讲了。

对家长要教，也要真心地教，我也曾经遭遇家长无谓的埋怨。其

实现在我们这些学校的
学生家长没有多少会教
育、会为自己孩子教育
真正投入精力，更没有
太多经验管理孩子，慢
慢地我发现其实有些家
长需要老师去正确引导

教育孩子。作为班主任我会经常引导家长在家里怎样和孩子沟通交流，怎样让孩子在家长的教导下度过青春期，怎样鼓舞孩子上进，怎样督促孩子做作业。慢慢引导，家长也会重视孩子的健康发展。我通常利用家长会和家长语重心长地交流，给家长一再强调老师不仅为师还为父为母，不免也会每天在琐碎的事务中烦心，也会像家长那样在孩子不听话的时候教训他，希望家长能理解老师的言行，有看法先和老师沟通交流达成一致。我所带班级的家长没有上告或投诉的情况，无论是作为班主任还是任课老师在工作中"相安无事"没有后顾之忧，甚至有时还和家长在学生面前"演戏"，联合起来疏导教育学生，达到家校共育的良好效果。当然，每个家长都希望老师重视自己的孩子，作为班主任想让每位家长满意也不可能，但在处理班级事务时我却把握"对事不对人"的态度，无论是学习好的还是学习弱的，都一视同仁，家长也就无从挑剔。

如果说家长是我的左膀，那么任课教师就是我的右臂。

对自己班的任课老师要帮，也要真心地帮！

作为班主任，不能忽视和自己班任课老师之间的关系，现在社会，不能单打独斗，要联合一切可以联合的力量，让自己得心应手的来施展自己管理班级的才能。我历来和所任课老师同事关系相处和谐，班主任再有本事只能带好自己学科的成绩，而其余学科自己是束手无策的，可是任课教师的资源绝不能浪费，所以我带班首先向学生强调全门学科全面发展的重要性，无论是语数外基础性学科知识，还是政史地生综合性能力，更有音体美能力素养的提升，都坚持不懈引导和帮助学生全面发展。

我的这种"无私"的点点滴滴、一如既往地支持任课老师，让许多任课老师愿意和我一起抓管班级，学生也会看到我们任课老师之间筑起的"铜墙铁壁"，也就无"漏洞可钻营"了。每次班级成绩名列前茅时，别人都会说"班级带得好"，心中的那种满足感是无法用语言来形容的。由此获得兴庆区"十佳师德标兵"称号，2009年获得市级荣誉称号，2010年荣获银川市人民政府颁发的"十佳教师"和"教书育人"称号，2013年又荣获"凤城名师"称号。其实我深深知道我的荣誉是和任课老师默默奉献分不开的，我作为班主任和任课老师真心合作，真诚以待，最终还是自己落得"满载而归"。

古语说，人情练达皆文章，我与同事交往时喜欢把复杂的事情看简单，多一点勤劳、多一点宽容、多一点开朗，自己就会明白所谓的"练达了"，自己不会很累，给别人也不会带来烦恼。现在想想那些年自己也是"苦并快乐着"。对以后的工作能力的提高是很大的历练。

三、教科研之路促我成长

作为一位年轻教师只要勇于承担各项教研工作，就有成长的机会。

现在每个学校确实是给年轻人提供了许多实践的舞台，一学期有不同形式的交流课、观摩课、优质课、送课下乡等活动，还经常有各区市县的学校来参观听课，让年轻老师应接不暇，只要安排到我，我都欣然接受。说实话，我们没法计算平时已上过多少节课，但随着时间的流逝，只有那些在同仁面前展示的课，沉淀在自己的脑海中。因为这些课，留下了我们的教学思考。听课之后，尤其在倾听专家的点评、同仁的思想促使自己对教学规律有了更深入的思考，平时上千节课，不如对外上一节课，对自己的触动强、促进大。只要不断学习、吸收别人优秀的东西，就会让自己不断成熟的。

参加各种教研活动也有助于提升自己的专业水平，本着谦虚学习的态度，总会让自己有所收获的，所以只要学校有关于语文方面的教研活动，无论校内还是校外，我都会克服许多困难积极参加。任何一位优秀的教师应该保持谦虚的心怀，抓住每一次专家点评或者同仁指正的机会，为我所用，让自己从盲目中走向思考，从教训中走向成长，从幼稚中走向成熟，最终形成自己的教学风格。这种成长，是"采得百花成蜜后"的博采众长，也是"天光云影共徘徊"的清澈如许；这种成长，是"咬定青山不放松"的依然如故，是"千磨万击还坚劲"的悠然自得，还是"梅花香自苦寒来"的痴心坚守。

可能有些老师一提到"课题"二字，就头疼，以我看来课题最应该是我们一线老师的专利，我们有实践，有感受，就是把自己平时的教学点滴、教学思考汇集在一起，可以是小专题，慢慢形成大课题，因为课题的意义就是源于实践、走向实践的科研内容。作为一线教师只埋头实践教学，而没有动笔把自己的教育教学点滴修炼成自己的财富，可能我们边实践也边思考了，但思而不写则废，所以，不要怕自己稚拙的表达，只要及时把教育教学的感受写出来，保留下来，慢慢进行琢磨、探究，终究会成为一篇篇论文的，这个过程就是我们常说的"以教促研"，有了这个过程，才有可能让我们作为教师的能力可持续发展。

从2009年开始我负责教科研工作时，每天除了做好班务和两个班的教学工作之外，还要兼顾领导安排的工作。确实忙得不亦乐乎！

尤其在平时繁杂的教学之外，还要去承担有关教学的工作，可能我们会辛苦、会麻烦、会郁闷，实际上只要作为教师在年轻时都是勇

挑重担的。我们必须自己走路，等我们的脚步留下了坚实的脚印，就觉得当时的辛苦虽酸涩，却也一路芬芳，是一朵花就应在绽放的时候绽放，无论绽放的时间长还是短。别是一番滋味在心头就应是留给我们每一个人鞭策自己前行的动力和财富。

有许多人，经常说我没有烦恼，我说怎么可能呢，但要保持良好的心态关键是要懂得感恩。

生活和工作中心存感恩，就不会有太多的抱怨。世上没有十全十美的事物，比抱怨更重要的是自己为改变这一切做了哪些努力。感恩之心足以稀释我们心中的狭隘和蛮横，还能帮助我们度过最大的痛苦和寂寞。常怀感恩之心，我们就可以逐渐原谅那些曾和你有过结怨甚至触及你心灵痛楚的那些人，会使我们已有的人生资源变得更加深厚，使我们的心胸更加宽阔宏远。感恩是一种美好的感情，是积极向上的思考和谦卑的态度。

现在回顾自己的成长历程，我觉得自己所付出的一切都源于感恩，感恩自己的坚持，让我在艰辛中找到收获；感恩自己的孩子，让我有了目标；感恩家人对自己工作的支持和理解，让我爱生活；感恩同事对我的帮助，让我温馨；感恩学生，让我有了成就感；感恩学校给我搭建锻炼的平台，让我努力成长；我也要学会在感恩中静心生活，尽心工作。

满世界都是路，只要脚踏实地，都会走出属于自己的脚步。

注：此讲座稿曾在银川十二中、苏州南环中学、银川北塔中学、银川景城一中交流过。

春色满园关不住，滴水瓣花总关情

——参加全国优质课大赛后感受

2007 年 7 月我有幸代表银川市在乌鲁木齐参加第三届全国中语会少数民族第三届优质课大赛，荣获一等奖。大赛归来，细细咀嚼课堂细节，静静聆听行家的教诲，默默享受语文课的每一份情怀，心里涌起的是尽是感动。感动于银川市教科所朱为民老师和同事一路伴我同行，感动于同行们真挚的鼓励和鞭策，感动于学生的精彩表现，感动于评委于芳等老师的充分肯定。我参赛的课题是场景作文片段训练，其教学过程分"看、听、思、说、写"五个部分。课题还有一个美丽的光环"春色满园关不住"来映射这堂课所要达到的效果，一堂课似那"春色满园"而那园中的"滴水瓣花"总关情，而且点点滴滴深思到心头。

一、深思于教学机智

在刚准备此课题时，在自己学校试讲后，我对自己的课留下许多

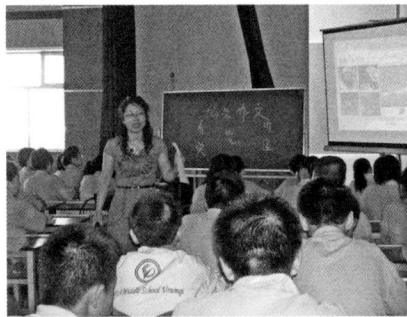

不满和遗憾，以至于折腾我几个夜晚似乎有点儿无法原谅自己。认为自己一些教学环节的处理并不十分理想，对课准备不够成熟，导致几个环节衔接较生硬，不流畅。也由于自己课堂的点评不是很到位，未达到自己预期效果。这或许归结于我自身的底蕴不足和课堂的"顿悟"不强。更主要的是在于自己的临场发挥是差强人意的，当有些学生的回答并没有讲到实质时，我心里开始发慌，担心盘在这个环节中走不出来造成拖堂，而不是想着怎样有效地去启发学生走出笼统的回答圈子。所以有些环节显得琐碎而冗长，使整堂课时间分布也不够合理。而且我的提问方式是非常单一的，"看到什么？""还看到什么" 缺乏恰当灵活、或浅近易懂、或幽默含蓄的教学语言来启发引导，更为糟糕的是有一环节我让学生进行同桌交流，未交流前已有好几个学生举手了，而我却还是按预定的程序先让他们讨论，这做法的确非常不成熟，是教学机智缺失的表现。在以后的课上，渐渐明白了语文课堂是围绕着语言而展开的师生活动，各种意想不到的事件随时可能发生，这需要教师智慧地应变。在大赛的课堂中，我在引导学生进行"看"的环节后，提出问题"说一说你看到哪些场景？"，有一位学生思维活跃，已透过画面谈到更深刻的生活现象问题，我顺势表扬了他的思维深刻，又及时引导"引起你深刻思想的画面内容是什么？"这时学生又描述了他所看到的画面的内容。我又因势利导："作文中所表现的思想深刻性是来源于我们生活中的点点滴滴，要在作文中细腻地描述出我们所看到的内容，这样才能达到真情实感。"在我的一番引导后，学生心领神会。

我也慢慢体会到在课堂上，体现老师的教学机智主要表现为对学生坦诚以待、尊重学生的主体性、潜移默化地影响，当然这种临场的天赋确实需要教师学养好才能底气足。只有教师不断显现教学机智，学生思维才能活跃，大脑高度兴奋，积极参与教学过程之中。

二、深思于教学语言

课堂上老师的机智，其实就表现为老师的语言。刚在学校练课时，不管学生能否接收我的语言信息，自己总是置学生的输出多寡而不顾，一味地死板地照既定的"作战方针"搞下去，导致几个环节衔接较生硬，不流畅。尤其痛恨自己富有激情的教学风格完全没展示，从而也未激起学生的激情，使课堂气氛显得较为沉闷一些，未达到自己预期效果，课下总觉得我的教和学生的学是两张皮。同行在听完课后，对自己在实际课堂上的某些语言细节，尤其是对学生的点评相当贫乏，提出了中肯的意见，自己也深深认识到课堂语言还需要不断强化和改进。课堂上，学生思维广阔，想象丰富，有些问题的回答让老师始料不及。如何点评学生精彩的发言，如何将学生的思维引向深入，这都值得我认真去思考学习。因为在教材与学生中，老师担负着"中介"的使命。老师的"中介"语言能以情境中介入、对话中诱导、经验中引进等话语方式，或"润物细无声"地渗透或"壮怀激烈"地宣示，课堂的效果就大不一样了。这也涉及学生自身素质问题吧。

因此，我慢慢地品味到名师要有敏锐的观察力，善于掌握学生的思想脉搏的能力，从学生的一举一动、一言一语、一颦一笑中，都能透视出他们的心思，迅速做出判断，及时进行调整。由于课堂教学中的双边活动处于错综复杂的状态，这就要求自己必须很好地适应千变万化的情况，及时反馈，因势利导。

正如市教科所朱老师所说："语言这东西，不是随便可以学好的，非下苦功不可。"经过自己反复推敲、琢磨，才自信地站在全国大赛的课堂上，受到评委和听课老师的认可。我相信，每一个语文教师，只要从各方面认真努力，刻苦锻炼，就能获得成效，并能成为学生运用语言的表率，提高语文教学质量。当然，更要广泛地阅读来丰富自己的内涵、提升自己的文学素养，只有这样，在课堂上才会出现独特而深刻的解读，才能引领学生的思维，深化学生的情感。

三、深思于教学设计

从这节课的雏形到站在全国讲台上的成熟，教学设计几经周折。优质课设计必须具有前瞻性和新思路的风格，还要考虑迎合专家、评委的口味。所以在最初设计时课容量大，技巧强，追求丰富多彩，一心想多教给学生一些东西，而且课堂教学严格按照老师设定的程序推进。但随之而来的反馈是一节课面铺得太宽，点抓得不准，所选场景中的配乐配画素材脱离学生生活实际，表演的色彩浓重。经过同仁在不同时间和地点听课，然后提出中肯的意见，渐渐地我也对教学设计慢慢有了认识：教学目标定位要准确；教学内容应由浅入深，重点落实到突破重点；教学内容多与少的关系，关键在看学生真正获得多少，而不是课堂上摆摊陈列多少。最初在设计这个课题时没设计"说"的环节，可是后来在试讲中，总觉得学生在实际"写"的过程中还存在许多问题。自己反思过后，还是觉得应从学生实际出发，设计又多了"说"的环节。让学生在表述自己的想法后，老师适时点拨指导，这样在写的过程中学生就可有的放矢，思路清晰地下笔了！真正达到作文指导的效果。

优秀的语文课应从洗尽铅华开始。而且在教学设计的过程中，教师除了从教的角度考虑问题外，还必须把学生身心发展的特点和规律作为教学设计的一个重要依据加以认真对待。也就是说，教师作为教

学活动的设计者，在决定教什么和如何教时，应当全面考虑学生学习的需求、认识规律和学习兴趣，着眼于辅助、激发、促进学生的学习。这正如加涅所指出的：校舍、教学设备、教科书和教师绝不是先决条件，唯一必须假定的事是有一个具备学习能力的学习者，这是我们考虑问题的出发点。很赞同一位前辈所说："有经验的老师眼中是学生，没经验的老师眼中是教案。"

一节优质课比赛，满载而归，收获甚丰。荣誉毕竟只代表昔日，将精力转移到每一节常态课，面对课改新形势，面对个性纷呈的中学生，老师作为导航者的担子更重了，个人素质的提高更为迫切了。

其实，成功的背后常是千辛万苦，我们不仅为成功而高兴，而且永远铭记成功的不易。

注：此文发表在《宁夏教育》2009 年第 5 期。

读万卷书，行万里路

——有感于"同课异构"后

银川三中和苏州南环中学结成手拉手学校，我有幸作为首批去学习的老师并代表银川三中和银川十二中、银川十中以及苏州南环中学的语文老师同上一节课，却给自己留下阵阵涟漪。

在走之前不知课题，上课之前不知学生底细，讲课之中不明学生学习习惯，一切都在不明中，就在异地上了一节课，确实对我来说是一次历练，在没有机会和学生预热的情况下，教师的专业功底、语言机智、课堂掌控能力尤其显得重要。当在别人的地盘中上课，才发现自己缺失了一份温文典雅和不紧不慢的态度；用别人的学生上课，才发现自己还要不断加强自己的业务，提高自己的修养，作为一位老师，这是一个不能停止的过程。

一位名师说他是用几十年来备一节课，此次出去讲课，我才深解其味，在校上千节课，不如在外上一节课，对自己的触动强，促进大。反思自己波澜不惊的教学生活，只习惯于面对学生，却难得有机会审视自己，雕琢自己，或许因为自己得过县市区级，乃至全国优质课奖项之后，船已靠岸，火车已停站。走出去才知道那些与我们相似或相异的教学形态，才深深体会到专业化的发展是语文教师发展的必然趋势。正如苏霍姆林斯基在《给教师的建议》中所说："教师所知道的东西应当比他在课堂上讲的东西多 10 倍，以便能够自如地掌握教材，到了课堂上能从大量的事实中选出最重要的来讲。"这也从一个侧面阐述了教师专业的不可替代性。

正如医生必须不断丰富自己的诊疗经验，律师必须不断提升自己的思维、判断和表达能力一样，作为教师也必须重视自己的专业化发展。从这次在异地上课之后自己也深深感到：一方面，必须不断丰富自己的专业知识，真正将自己"桶中的水"装满，确保在教学中能够收放自如地给学生一瓢水；另一方面，正如一位哲人所说："拥有高超的技艺，你会成为一位名匠；拥有渊博的知识，你会成为一位名家！但就算你同时拥有了高超的技艺和渊博的知识，你也不一定能够成为一位名师，然而如果你想成为一位名师，那么高超的技艺及渊博的知识都是你的最低储备！"这就告诉我们，教师不但要注重专业知识的学习，更要提高专业技能在教学中的综合运用水平，因为我们的任务是让和我们不在同一知识层次、同一理解水平的孩子学会知识，学会做人，这不能说不是一门专业！

知无涯学无涯，教无止境决定了学习无止境。

其实，教师本是在学习中修正，在学习中充实，在学习中渐进的。希望自己激情涟漪之后会变得踏实，戒骄戒躁，在学习中开拓出自己的教学天地，让自己的专业化发展成为不被遗忘的角落。

注：本篇感悟发表在 2010 年《小龙人报》教研版。

有感于南京学习考察

每次外出学习给自己的触动蛮大，自己的激情也蛮高，就像有些专家所说："出去学习激动，回来不动！"我就属于这种型，照抄专家讲稿，累得半死，过后没一点留下记忆。可这次赴南京名校参加典型名校高效课堂教学模式研讨并到东庐中学、洋思中学考察，我多了一份思考和审视，让自己不再盲目追风，时时对照自己和现实工作，让自己实有所得一二。

2011年3月27日在南京聆听专家报告，早上三小时是扬州市梅岭中学王力耕校长的报告，王校长是一位数学教师出身，但他的报告中对教育的思考用词感性形象，简练精辟，时时说出的话语流进听者的心坎，充实于心中，回响于脑中。其中一句隽语："示弱是一种教育智慧"，激起了我的心潮，从自己站到讲台的那天起，就和身边的许多老师一样把自己的知识和热情毫不保留地送给学生，绝对不能否认我们的敬业精神，甚至有时恨不得把学生的脑袋打开，倾自己所有倒给学生，到头来学生走出教室把老师给予的所谓的知识不知送给哪里了，脑袋空空如也！反思自己只能算作"教书匠"，不能称得上"真教师"。示弱是一种智慧而不是平庸，示弱是一种技巧而不是无能，示弱是一种博大而不是内敛。"懒妈妈必有勤孩子"的简单道理用在教育上确实折射出育人的光芒，教师的"教"应是恰如其分地起到"主导和指引"的作用，这就是教师要思考的问题，要怎一番的研究才能别是一番滋味在心头呢？期待自己和同仁的"蓦然回首那人却在灯火阑珊处"的境界。才能悟出"相信学生才是真正的师德"背后的深远意义。

下午三小时的报告是由无锡市蠡园中学邱华国校长的报告，邱校长虽很年轻，但阅书不少，实在让人钦佩，他的教育教学理念让我们眼前一亮，用德育促进教学，正如他诙谐地说这种思想是"农村包围城市"，他精练地总结出学校的办学理念是"建设积极情态的五动方略"和"追求高效学习的六助学案"，这种教学理念实际上就应和了"教书育人，德育先行"的思想。邱校长结合自己学校特点，把教育上天天喊的口号变为实践并为之努力践行，最终成为一种创新形式，得到教育同仁的认可，这才是真正对教育的热爱和痴迷。邱校长对德育的

管理理念既恳切又实际，其中他说的一句话"不经意之间的美德就是美德"，值得我们这些无论是学校教育管理者还是一介教师，都应反思，真是"实话才有穿透力"，每天每时我们都在教育学生，究竟怎样把教育落到实处，让学生真正成长呢？蠡园中学的德育落实在学生行为习惯的培养上和健康心理应具

备基本的素质，我想蠹园中学的学生在人生的起点享受到真正的教育。邱校长还令人佩服的是爱读书，把读书当成一种习惯，这种习惯已成为邱校长的财富，让邱校长的教育教学管理有了立足的根，用读书来充实自己，谁就会十分聪明，谁能站得高，看得开，走得远，行得顺，就更能经历伤痛，承受苦难，获得成功，取得成就，就能更加幸福快乐并活出一种独特的绚丽和精彩。这也让我更相信"读书是教师的不竭动力"，临渊羡鱼，不如自己织网，希望自己不仅仅停留在向往，而更应尽快织自己的结实的书网，好让自己真正得到鱼的快乐！

3月28日，驱车赴南京东庐中学参观考察。东庐中学规模不大，但在全国却影响颇大，学校白墙青砖远不及我们许多普通学校辉煌，校门前面是开着黄花的油菜地，远处若隐的青山和翠树让学校更有"结庐在人境，而无车马喧"感觉。亲临东庐的课堂，正如学校的朴实，已通过东庐人实践的教学模式显得无华，数学课上教师就是和学生解决一份试卷大小的学案上的题，这些题有浅有深，有基础有拓展。课堂上有一个细节留在了我的脑海中，教师提问时不仅是一味地叫学习程度好的学生回答问题，还多次叫学习程度弱的学生解决不同程度的习题，让这些学生不断和大家一起解决学案中的问题。一节课呈现的是有问题的学生课堂，而不是有听课老师在就有"秀"味的课堂。

一节课背后的努力实践是我们听一两节课远远学不到，也吃不透的内容，留给我的就是教学改革中的"改"和"革"需要长时间坚持不懈地进行探索的道理。东庐中学追求："至淳至朴"的教学境界走出了属于自己的一方天地。

3月29日，又驱车赶往南京泰州市的洋思中学。我对洋思中学早有耳闻，进入学校感觉比东庐中学显得气派很多，校园到处都有可学习的地方，就连楼道上方顶都在一米左右设有一长楞，楞上正面和反面都写着各种名言诗句和外语单词及数学、物理公式。营造出浓厚的校园文化，让学生养成随时随地学习的习惯。听了一节语文课，课堂上确实遵循了学校的"当堂训练，节节清"的教学思想。

无论是东庐中学的师生学案还是洋思中学的"讲练结合"教学模式，都是把课前的集体备课和个人备课上落到了实处，两所学校都彰显出教师的积极探索精神。我想这才是学校教育教学的本质所在，那就是调动了教师"动"起来，继而让学生也在课堂上"动"起来。

正如扬州市梅岭中学王力耕校长在报告中说：学洋思已经十年，学到了五个字"坚持""动""紧张"。留给我们的是深深的思考和无尽的回味。

三天的学习给我的工作中涂上了一抹绿意盎然，也感谢学校和兴庆区教育局提供这样的学习机会。

校长，你今天听课了吗？

苏霍姆林斯基认为，尽管校长有纷繁复杂的工作，但应当把听课和分析课摆在首要的地位，他给自己作出一条规定，一天内必须听两节课。否则，他就认为这一天他在学校里什么事也没有做。当校长为引领教师发展选择适合的发展路径而循规蹈矩时，当校长为促进学生教育遵循学生成长规律的全面发展而苦苦思索时，当校长为找准办好学校的改革发展策略而一筹莫展时，如果校长能每天深入课堂听课，这些烦恼和些许问题都会在有意或无意中迎刃而解。

一、校长听课是引领教研方向、指导教师发展的草根路径

校长是教师的教师，如何引领教师在课堂上改革创新获得职业幸福感，是校长办学思想自下而上落地生根的关键因素。现实中面对教师成长动力不足、中老年教师职业倦怠较严重的现象，不能只简单借助每学期学校顶层设计的教师发展计划促进教师专业发展，这需要校长回到真实的课堂教育场景中，尊重课堂依据教师课堂教学实际，思

考研判、识别选择适切的教师发展策略。

校长听课行为不能只在学校安排的课堂展示活动时听听而已，毕竟在被安排、被观摩的课堂上"预设"和"表演"的成分多一些，还应坚持每天推门听听常规课堂的五味杂陈，最能看清课堂本质继而找准教学方向。譬如，学校在推行学练稿设计下的"教师主导、学生主体"的教学方式，要求骨干教师和青年教师都要进行展示课活动。在实践教与学的过程中，或多或少还出现许多疑惑和问题。在一次偶尔常规听课时发现一位快退休的老教师的课堂上理念新、实践强，但不是学校骨干教师中的一员，每次都不在展示观摩的范围之内。为了激发老教师的热情，我亲自邀请这位老教师参加学校展示课活动。课堂上老教师精准的提问、耐心的引导、学习任务的恰当分配、学生小组合作的有效组织等体现"教师主导、学生主体"的教学理念让骨干教师深思体悟；给青年教师现场实践，再经过教研员的赞赏与评价，一堂"不是骨干，胜似骨干"的课堂经过校长听课过程中慧眼挖掘，真正起到带动启发、辐射引领的作用。这堂课之后及时修正完善学校课堂展示形式为"一人一课"方式，无论何年龄段的教师都能走向公众，用自己的价值和经验影响他人。学校以此启动了秋华课堂，倡导老教师总结教学经验，开展了"不忘初心 讲好学校故事"分享老教师工作中教育故事，让老教师在被尊重和传承中彰显奋斗一生的教育情怀。

作为校长不能只会坐在台上讲理论提要求，而应深入课堂蹲班听课和老师们一起研究教学方向。校长听课是诊断服务教学、引领促进教师发展的草根研究办法。学校校本教研开展的基本形式是各学科在固定的时间进行每周一次的集体备课，研课标、议学练、抛问题、释疑问、说进度等，而集体备课效果最终要落实在课堂上，有时校长听课有意在一天内听同学科、同备课组里的两位老师的课，了解课前是否有二次备课的痕迹、教学中处理难易重点的方法、提出问题的异同、学练单是提前发放还是课堂上讲练结合、教学进度是否大致相近。在课堂呈现的形态中，校长就要深入思考：学校各学科集体备课时的教研内容能否最大程度地促进课堂教学？教师是否对二次备课有深刻认识？针对不同学科特点推进教与学的方式有多大转变？校长就要在课堂现象中看到教师原生课堂的本质，从教室里不断汲取经验和智慧，寻找引领教师发展的方向。经过听课观察思考后，在明确集体备课组原有任务的基础上，学校教学处进一步形成相应的教研指导方案，并制定以课堂为发展目

标的集体备课形式，以学科组开展"学课标 重实践"教研活动时，教师依据课标结合教材分享思考等多种教研方式深化校本教研模式，提升课堂教学成效校长听课的真正作用在于引领教师研究课堂找准方向，为校本教研发展而助力。

校长听课前有期待、听课时有渐悟、听课后有回味，承载的不仅是工作导向，还是内涵发展。校长听"师徒结对"中的徒弟课后，及时反馈进步与不足，给予青年教师鼓励和鞭策；校长听音体美课后，把重视规范课堂常规和提升课堂审美志趣，作为音体美学科组研讨的课题；常听应用信息技术媒体教学课堂时，辨别白板技术与教学助手的功能区别，作为课堂教学融合技术决策时的有力支撑；常听重讲知识轻教育管理老师的课堂，就能全面了解教师教学风格和性格特点，为谈话交流做铺垫；连续听几节同一位老师的课堂，才能全面了解教师，就不会在评价时断章取义，挫伤教师的积极性；有时推门听听学校干部的课，练就自身准确识人、科学用人的才干。作为校长要面对工作上许多"不确定性"的事情时，相信校长依据听课会作出比较正确的选择。

二、校长听课是走近学生、读懂学生、植根成长实际的最佳途径

作为校长要充分考虑学生成长的方向，真心把学生成长放在心上，不仅要实现学生成长的目标，还要保证学校的育人方向与国家对未来人才的需求保持一致。校长只有走近学生读懂学生，解决学生遇到的真问题，才能促进学生成长的真发展。

我刚调任这所学校时，每次听课时发现下课铃声响起后，老师还苦口婆心讲个不停，学生已按捺不住、心猿意马期待老师及时下课还

自由放松的空间，还有的老师喋喋不休一直讲到下节课的铃声响起才善罢甘休。长此以往学生的身心健康和教学实效定会大打折扣。教工会上针对教师拖堂严重的问题，有理有据讲拖堂的弊处，站在学生角度思量教师的教学行为，又从学校层面提出并实施了"减负增效不拖堂"的改革措施，学校教学处不定期检查，一旦发现立即通报并扣除本节课的绩效，这个举措让学生面貌焕然一新，学生也由过去上课没精神，慢慢呈现出积极踊跃的状态，教师也慢慢感受到学生心目中的合格老师形象，师生关系融洽了，教育教学质量得以提升。

　　每次到不同年级、不同班级听课时，我都要记录这节课学生发言有多少人数，上黑板去讲解知识习题有多少次数，小组合作互动、交流展示有多少频次；观察学生给同伴讲解时的状态及语言表达能力；合作探究是否是真发生；问询学生老师讲解与同学讲解的异同。有时课后再向了解学生这节课学习后的收获。虽然老师对课堂上"放手学生"有不同的声音，但最终确定学校课堂以学练稿设计下"教师主导　学生主体"的教学理念。倡导课堂教学要有留白，给学生充分的思考空间，让学生多一些话语权，多提供精彩展示的平台。如果校长没有长期听课调研诊断、倾听研判学生的真实想法，就不会对学校教学理念明晰思路，准确定位，坚定教学方向。

　　听课过程中还对各年级各班级中"小胖墩""小眼镜"请病假人数进行观察记录交流，了解学生每天回家写作业用多长时间，一天中体育锻炼能有多长时间，喜欢开展哪些体育活动。有学生直接给校长建议运动会要多趣味少竞技项目，多让同学参与其中，而不是个别同学的竞技。校长感受到学生渴望拥有兴趣爱好、自由成长的心愿，作为学校不仅要提升学生学业水平，还要关注学生的身体健康，基于为学生健康成长快乐学习奠定良好的身体基础，学校坚持每学期的课间操的常规训练与特色变化结合，既有基础体能训练还有协调能力花样翻新。学校每学年都组织各类全员参与的体育活动：趣味运动会、"励志奋进　跑做合格多能学生"的环湖跑、八字绕大绳、拔河比赛、负重跑、校园韵律操大赛，学生参与面广、兴趣高昂。校长在听课和学生交往过程中深切感到这些体育活动既能提升学生的身体素质，还能潜移默化给学生带来深远的影响。在实践中学校紧紧围绕"立德树人"目标，着力建设"以生为本、提升体质"的教育本意，不断优化体育课程，成为区域内健康学校示范校。

学校里时常会遇到家长和学生"棘手"的事件，但都能通过校长听课——化解。譬如：有家长直接给校长反映某位老师讲课不清楚，孩子成绩不理想。校长就相约这位"告状"家长一起去听这位老师的课，听完课家长真诚地说老师讲解细致，教学环节清晰，是自己孩子上课不专注的原因导致成绩不理想。时有发生的家校冲突经校长听课的化解呈现和谐的局面。班主任向校长反映班级里有一个单亲家庭的女孩对生活学习消极，校长就提着凳子蹲班听课观察这个女孩，课下倾听女孩内心深处的心声，送给她一本提前准备好的书，扉页上写着："知识女性　魅力无穷"，女孩变得乐观了。长期坚持听课，自己就能辨认出不同年级不同班级的学生，就像清华附小校长窦桂梅校长常年坚持听课能记住全校 1000 多名学生的名字那种爱生情怀，期待自己在坚持听课中和学生相识，给学生丰富的成长体验，成为学生眼中有魅力的校长。

三、校长听课是提升自身素养的有效途径

校长的自身素养应该包括校长的人文素养、办学理念、教育情怀和务实精神等方面。就我个人成长而言，这几个方面都可通过听课行为学习学科知识、提升教育认识、明确办学目标。校长可能对自己的

本专业有优势，但对于其他专业所知甚少，在听课过程中为了听懂弄通自己专业之外的课程特点，校长就得下点功夫通过多种途径学习，提升学科知识水平、夯实自己的文化底蕴，才能达到"操千曲而后晓声，观千剑而后识器"的程度，以顺应教育改革趋势，让自己管理的学校不断创新。校长听课时的认真自律及真诚的言行向学生阐释对教育的"用心"，和学生一起思考，和学生成为教室中的一员，学生眼中的校长是亲切待人、童心未泯，而不是高高在上、冷若冰霜。做一位知学生兴趣、懂学生心声的校长是我的追求。学生的童真纯洁的本心滋养着校长的精神，再转化为爱的强大力量催发校长肩上的使命和担当。

作为校长，时刻提醒自己："今天听课了吗？"是因为校长在一次次的听课中践行"为每个学生的可持续发展奠定基础，为每位教师的自主发展构筑平台"的办学理念。

注：本篇文章发表在 2021 年银川二中校刊。

悦读
有情

书，生活因你而精彩

　　书，你如婉转柔美的歌声；书，你如精美隽永的画作；书，你如古朴凝重的古筝；书，我就这样不经意间与你邂逅，是你充实了我的生活，使我的生活更加精彩。

　　你如久经世事的长者，教我为人处世的真谛。每字每句彰显着古朴与凝重，无不净化着我的心灵。你让我沐浴在你和煦的阳光下，感受着内心深处释放的感动。

　　伴着你，我畅游在书的海洋里，我感受到了你的博大精深，从南怀瑾讲述《论语》到《史记》中的故事，从《大唐帝国》到《明朝十七帝》，从《像曹操一样活着》到《曾国藩的一生》，许多先贤圣哲精神，向我揭示了改变命运的因素，文人雅士的言语令我知道了志向的重要性。

　　伴着你，不仅能与林

雨堂进行思想沟通，更能开启心灵的窗扉。不仅是为余秋雨的杰作《借我一生》文字的美而心旷神怡，更是陶冶情操。不仅对史铁生的《灵魂的事儿》书中人物产生钦佩与崇敬，更能鞭策自己为理想而不懈奋斗……

伴着你，我认识到历史肖像中的颠沛流离的孔子，逍遥云游的庄周，壮心不已的曹孟德；伴着你，李清照的满地黄花点缀了窗枢的优雅，李煜的帘外细雨衬托了春意阑珊，柳永静伫河岸忽见晓风残月水悠悠……

精彩的你，如细雨过后的树木，洗去了浮华，透出青绿。在清闲午后，在落日黄昏，携一份宁静与你漫行，用眼睛去捕捉，用心灵去感悟，感悟你那独特的魅力！

我的生活因你而精彩！

读书：术业专攻正当时

读书学习是现代人终身发展的需要。对教师而言，更是提升师德修养，丰富知识结构，增强理论底蕴，积极投身教育科研的改革与实践的必需。教师是天生的职业读书人、职业学习者活到老学到老，方可为师。

读《魏书生的人生》有感

我们家有两册《魏书生人生》但一直都懒得去翻，直到最近，有一次闲暇无聊随便翻来，结果却被魏书生那礼让、胸怀、超脱和哲理所吸引，感受颇深，受益匪浅。

魏书生讲到，要想自强，要处理好几个关系：一是处理好与大社会、大环境的关系；二是处理好眼前工作关系；三是处理好人与人的关系；四是处理好自己与自己的关系。在这四个关系中，我感触较多的是处理好眼前工作关系和处好自己与自己的关系。

我们每天都会告诉自己，做人要学会自强自立呀，其实，常常是被动接受这个真理。而心情应该是第一关键。有些无法选择的事情就要放得下。我们的出生是无法选择的。你就不能老是想，要是我出生在那谁谁家那多好啊！这是自寻烦恼。做教师这个职业也是同理。

说实话，有时候是觉得做教师委屈了自己，但是真要放弃教师这个职业，又觉得舍不得。魏书生在阐述如何对待眼前工作的见解很有道理，值得学习借鉴。他说"对待自己的工作，第一，要是你不爱它，就趁早改行，第二，你要是不能改行，就早点爱上它。工作就像爱人一样，你不爱他，就趁早离婚，要不，就尽可能地爱他。眼前的工作既然已经无法改变了，那就用一颗快乐的心去接受它，让它更完美。

与处理好工作相关联的是人要处理好自己与自己的关系。其实人每天接触最多的就是自己呀，每天人都在与自己的内心对话。魏书生说得好：要用宽容当宰相，用勇敢当将军，用勤劳当大臣，用明智当君王，那你的内心世界就能国泰民安。反之，让狭隘当宰相，让懦弱当将军，让懒惰当大臣，让昏庸当君王，那就完了。可以说，更多的人才不是被社会摧残的，而是被自我埋没的。

他认为我们要用平平常常的心态、高高兴兴的情绪、快节奏、高效率地做平平常常、实实在在的事情，让我们享受到为他人尽到责任的快乐。不要怕吃亏，要把工作看作是一种享受。大事没得做，我们就从小事做起，日积月累，长了才干，练了本领，多了见识，一旦时机成熟，就会大显身手，同时他还强调作为一个育人者要努力改变自我，做到多改变自己，少埋怨环境；选择积极角色进入生活；多互助，少互计；多学习，少批判；多抢挑重担，少推卸责任；提高笑对人生的能力。人生在世，要会享受生活，享受学习，享受工作，不能白来一遭。现在社会稳定，生活水平在逐渐提高，只有怀着感恩的心，用"享受"的心态适应社会环境，才能避免无谓的心态，有一颗快乐的心，才能不把眼前的暂时的困难当回事。

是啊，在生活和工作中会有许多的不尽如人意的事情，一味抱怨、发牢骚、怨天尤人，又有什么用呢？人生中能有几件事情是自己改变得了的，我们能改变的只有自己的心态，就是保持一颗平常心，少生气，少抱怨，快快乐乐地去面对，努力去适应环境、适应社会。"教师是人类灵魂的工程师，是天底下最光辉的职业。"从教师职业的意义来说，这样的地位教师是当之无愧的，但现实生活中，教师是否能有这样的地位，则是另外一回事了。理想与现实总是存在差异，我们不能没有理想，但也不能用理想的标准来衡量现实生活。教师工作压力大，当教师的辛苦是别的行业的人所无法体会的，而且，教师的付出与回报却永远不成正比，教师的社会地位还日渐降低。对于这样的实事，过多的抱怨只能伤害自己的身心健康，应用一颗平常心去对待。

魏书生崇高的思想和淡泊的心态让我认识到，尽管我们个人无法改造周围世界，但我们可以把自己的内心世界管理得天清日朗，能让自己更珍爱生命，善待他人，奋发进取，宽容开朗。生活的大浪也许把我们冲上高峰，也许把我们卷入深谷。无论在哪一个坐标点上，我们都能让自己自强不息、乐观进取，高楼住得，茅屋居得；寒也耐得，暑也熬得；顺境处得，逆境受得。教师要像他那样以一颗平常心快乐生活、工作、学习着。

还原春秋时代的历史现场——《读春秋》感

对于《春秋》，上过几天学的人都知道有这样一部书，而且还学过其中的篇章。以前，也有一些人对《春秋》做过各种解读，但有独特见解者，鲜有其人，无非是考据或通俗读史的手法，或注重实证，或在意趣味，总免不了失之偏颇，缺乏深度。

　　刘绪义作为一个科班出身的专业学者，他对《春秋》的解读，以一种"从专业的方式进入，从公共的角度出来"的原则，还原了春秋战国的历史现场。的确，《春秋》作为第一部编年体的史书，影响了诸多先贤与哲人，同时也造就了中国几千年的文明礼法，除了《论语》《孟子》之外，它也是大儒们的启蒙学经典。年轻的学者刘绪义从《春秋》中读出了治国的策略，读出了历史的巧合，读出了文学的典雅，读出了英雄的勇敢与胆识，也读出了人世的轮回与宿命。从开篇引论中解析《春秋》一书的形成，到对"春秋笔法"的释义，都无不深藏着作者对这一史书的精细洞察。他从"一个谣言，一个女人，一台烽火"开始，到孔子与弟子漫游诸国，讲学于世而结束，这其中有平王东迁、周郑交恶、齐桓托孤、赵氏孤儿、吴越之争、分晋代齐等春秋战国时代的历史典故，在这一漫长的时间之河中，刘绪义慢慢地将我们的思绪引向了"一笑值千金、烽火戏诸侯"的远古时代，让我们自觉地走进商周时代那样一个历史的现场，他与我们一起感受于我们来说久远而陌生的华夏文化。

　　《春秋》一书，有远古时代的神话，有家喻户晓的传说，有褒贬人生的善恶分明，有春秋争霸的锋芒毕露，有政要的钩心斗角，有贤达的人生对白，后世都将其当作治国与处世的史书典范。而《刘绪义读春秋》，则以精彩的现代白话切入经典，有精彩的故事，也有论说的道理，有漂亮的文字，也有独到的思想。遇到精彩之处，我们可以像读小说一样，随着人物命运的起伏或悲或喜；而对于传统文化的独到解析，刘绪义则娓娓道来，而我们可掩卷沉思，细细品味个中三昧。所以，我们总是在读与悟的过程中，才能真正领会《春秋》这部大书，才能理解远古时代那些风起云涌的场面；同样，也只有在宁静的时刻，我们才能把握住刘绪义以现代人的视角所完成的经典阐释，他的文字里，大到定国安邦的治世之策，小到具体而微的细节处理，都透出一个年轻学人的深厚的传统文化功底与理解能力。

从《刘绪义读春秋》中，我们能见出一个人的性情与气质，也能领略一个人驾驭浩瀚史籍的毅力与耐性，最重要的是，我们从中读出了越来越离我们当下社会远去的人文思想。尤其是在这样一个通俗历史读物盛行的当下，我们缺少真正理解与领悟中国传统文化的理性精神刘绪义在读《春秋》的过程中，虽然没能营造一种宽松而自由的书写氛围和境界，但我相信，他也是"虽不能至，心向往之"，而我们也会从他时而感性、时而知性的解读中，获得另一种审视传统文化的丰富与趣味之义。

读《逝者如斯》有感

快放假时，偶尔得到银川市教科所王玮光所长所出的上下两本散文集《逝者如斯》，心中涟漪片片，愿写下只言片语，给两本书留下自己的敬重！

认识王所长，还是通过学校邀请给老师作报告，独到的见解、睿智的言语赢得老师的赞赏，让我印象深刻的是他款款而谈的教育思想，当然也隐隐感受到他的博学，而今看到他几十万字的墨迹，让我又一次震撼了！也真正感受到他对知识的钻研，学问的精深，一位教育行列中学者站立在我们面前，让我仰慕之极。

在上册《逝者如斯》一书中，作者回忆了自己人生成长历程中的失足、失误、心灵忏悔，把自己在苦难岁月里的"贫穷史"揭示得淋漓尽致，甚至可看作苦难岁月中芸芸众生的社会缩影。当然作者在回忆自己小时候农村生活的情景，也让我们土生土长的宁夏人也找到了自己言语的归宿，对于从小有农村生活经历的人来说，宁夏方言中的"显夷""瓷""谝""耍悬悬""呆拐""疟姐姐""坔拉""坷垃""糙子"这些词语在作者笔下活灵活现出现，让人读来是那样的亲切，作者身为异乡人，而来到宁夏生活，用自己的实心感悟着宁夏乡土的风味，为我们找到了宁夏方言的草根，也让人感受到宁夏乡土的气息。很佩服作者的记忆库，还能在若干年后回忆当年的生活就像如数家珍一般，娓娓道来，这难道不是人生的最大财富吗？留住记忆，它可以让我们前进的道路上有方向感，不会迷失、错位。

在下册《逝者如斯》一文中，"悠悠故乡情"用深情的文字追忆了童年岁月里真实生活，其中也不乏对人生苦难的咀嚼，多了些原生态的味道，"走四方"依然是作者行万里路后的一些体验，与上册相比少了些激情和冲动，多了些自由洒脱，而"写在事业边上"则破例收集了一组与教育密切相关的文章，从中看出作者事业追求的"冰山一角"，"人生杂感"大多数文章从中可看出时代的踪迹，也看出作者思维与文字功底的痕迹，从汩汩的文字流淌中，可看出作者是一位勤于读书的人，每读一本书时皆有独到的思考和见解，也能显现作者的文学鉴赏和文学的理论水平。

合上书久久不能平静，也许是羡慕、是自悔、是奋进，只是希望自己能学习作者身上的这种坚持多年阅读的习惯，让自己有了"根"，让自己能立根，不是一次两次学习所能奏效的，只有当一个人有了思想，他的学习也就有了根。

真想体验"逝者如斯'的胸怀，把期待和希望留给明天的自己吧！

读《平常茶 非常道》有感

偶然的机会我和林清玄的散文《平常茶 非常道》相遇了，为书中茶所散发的"道"而释怀，我感谢这本书在我有些迷惘时，给我心底打开了一扇窗，让我透亮到底。

作者在书中用哲理的语句阐释了题目《平常茶 非常道》，"茶的滋味跟人生的滋味其实都是一个滋味，如果你在某一点突破了，悟道透彻了，你看什么事都可以很透彻，很理解。""其实茶跟人生很相像"。茶一定要用热水烫过才有味道，人生也是一样，你一辈子很平顺，味道也不会出来，一定要三起三落，然后起的时候像万里飘蓬，之后才有味道出来，整个过程都是非常重要的，缺一环节都不可，而此时茶叶本身的好坏就变得不是很重要了，人生其实亦如此。

我的人生和学生分不开，教育学生就是我人生的一部分，往往追求结果，而忽视了过程，就像对待学生时，我们只在心里盘算那个有希望考上，一切的工作就是为了金榜题名的一刻，我想那就把自己紧紧拴在打着死结的绳子，永远有发不完的牢骚，永远有想都头疼的事情，永远有看不见希望的一天，这就是教师为什么劳累的原因吧！

教育学生的过程如果我们能每天看到学生都像每一瓣茶叶在我们的杯中飞舞、跳动，甚至已酽了几回水的杯中，仍然还有几瓣茶叶在杯中乱翻腾，这就需要喝茶时轻轻吹上一口，让茶叶安静下来，好让自己品品茶的味道，就算是调皮的茶叶让自己吃到口里，也不要有怨言，否则就破坏了眼中有他人存在才叫生活的境界，看到这些充满墨香的文字，心中还能有不满意吗？还能有不顺畅吗？谢谢让我思想通彻心理释然的文字。

"不管你喝什么茶，你都可以从那里进入人生的道路，看到有味道的部分。悟透以后你进入更高的境界也就容易了。而喝茶恰好可以让人有一颗从容的心去面对人生。"

作者认为都市人忙碌的生活让他们失去了很多东西，"忙会失去很多东西，失去浪漫的心情，失去对理想的憧憬，失去创造力和想象力。常常有人说什么是浪漫，其实浪漫很简单，就是浪费时间慢慢走，浪费时间慢慢吃饭，浪费时间慢慢喝茶。"

同时，作者也批驳浪费时间喝茶就等于不努力工作的言论，"你可以一边奋斗一边看夕阳，一边工作一边在莲花池边散步，在星期一、星期五努力工作，星期六和好朋友一起喝茶，这都是很好不冲突的。"

书中有些语句在书合上之后，还在心中翻阅："事物的最高境界都是相通的，茶道、剑道、禅道对于内在心灵的提升与洗练并无分别。"

"一个人要克服心理的畏惧，烦恼，最好的方法是专注地活在眼前使眼前的这一切充满。"

"落叶是永远扫不干净的，这是人生里无可奈何的事，但院子的落叶也增添了庭院的美，生命的落叶又何尝不是这样呢，我们不必试图想要过没有烦恼的，一尘不染的人生，而是要使一切生命中的飘零，成为苦难历程中风情的点缀。"

还有许多看似平常之语，却是人生的平常之道，在迷惘时喝喝茶，品品茶，会让自己从内心澈然的感谢遇到这本书。

感恩美好的相遇

　　人生总是在许多相遇中不断蜕变、成长。我与《人民教育》相遇、相知、相识十几年，一步一步助推我走近教育教学和学校管理。

　　还是在我刚从普通教师成为中层管理者的时候，自己全然不知学校管理是什么？中层干部应该做些什么？更要命的是没有人能告知自己应该怎么做！就在全然无措时，我在学校的图书室里认识了《人民教育》，连续借了几期翻阅了其中的文章，就爱不释手，不愿放下；我开始关注期待每一期《人民教育》的到来，每每读到关于自己负责的教学和教研方面的文章，格外仔细研读，有些自认为重要的地方，还做了摘抄笔记。有时还"现学现卖"，从《人民教育》中读过的文章，对自己触动很深的教育教学"名句"就给老师们开会指导时脱口而出，也"折服"了有些年轻教师们！《人民教育》就像一座洞藏，深深吸引了那时的我，让我知晓了些许教育政策理论，明白了学校的教研方向在哪里，清楚了教学活动开展的规范性，体会到教师队伍发展对学校发展的重要性。也是在《人民教育》上认识了特级教师窦桂梅，感动于她的成长经历，教育名著、文学经典等各类书籍占据了家里的四面墙壁，尤其是《人民教育》杂志让她从一位好教师成长为清华附小的校长功不可没！在我成长的关键时期，《人民教育》带我进入一种全新的境界，也从中获取了不少智慧，带给我更多工作活力。

几年后，我辗转到另外一所学校工作，学校图书室竟然没有订阅《人民教育》，内心未免有些失望，在开展工作时只能"吃老本"，就借之前所学的一些理论和经验亦步亦趋地实践下去。偶尔也翻阅之前所做的摘抄《人民教育》的笔记，有许多句子让我经常结合实际教学反复琢磨其内涵："教师的角色是课堂的组织者和引导者""教是为了不教，学是为了会学""教育是用一种思想交换另一种思想，一种感动创造另一种感动，一种心灵走近另一种心灵的活动"。虽然那时的自己与《人民教育》断了来往，可还能在回忆里常常记起她！

当我成为主管学校教学的负责人时，新的岗位带给我新的挑战也让我陷入深层次的思考和困惑，我又想起了她——《人民教育》，决定自掏腰包订阅念念不忘的她。再一次的重逢，让我感觉自己与她的思想内涵相差很远，她再次翩跹而至成为指引我工作实践的明灯。记得"核心素养"一词铺天盖地萦绕在教育时空里时，我猝不及防更是晕头转向，一段时间里只要在教育场合里提到核心素养，我都闭口缄默，因为我实在是没有在实践中深层次的认识。她就像知音一般，又让我阅读到她有关解读核心素养的文章《山西中考命题改革：基于核心素养 落实立德树人》和《核心素养如何在课堂教学中如何落实》（《人民教育》2018 年第 2 期），我逐字逐句研读其中要义，又结合文中提到的《关于深化教育体制机制改革的意见》《关于全面深化教育课程改革 落实立德树人根本任务的意见》等政策原文翻开对照细细研读，顿时开悟了好多，但还有些理解不到和疑惑的问题，激发我进一步学懂弄通的欲望，只要有关核心素养的文章我都不放过，在实践中不断思考，是她让我对教育观点有了更多地 "理解和获得"，也让我坚定了基础教育思想要落地务必要在"执行和实践"上下功夫。按照上级部门的要求学校里要开发特色课程,我还是把"救星"搬到案头,找齐《人民教育》2017 年全年刊和 2018 年部分期刊,细细啃读关于课程建设方面的文章,缓缓思索适合校情的特色课程建设途径,在她给予的多样性和差异性中寻求方向,反复斟酌最终以"二十四节气"为主题的各学科校本课程开发为落脚点,逐步形成自己学校的方案,已坚持三年的"节气"主题课堂展示实践,成为学校课程建设的亮点。

那段时间我和她交流切磋,就像《诗经》里所写"如切如磋、如琢如磨"的景象。在她的抛砖引玉下启发我从不同角度和开阔的领域去思考教育现象。《朗读者》中董卿说过:"所有的遇见,都是久别后的重逢",那么,我和她的重逢注定是一位思想深邃的老朋友来到我的身边清清浅浅照亮了我的精神家园。

有时阅读她的文章,瞬时会激发我写作的灵感,有三篇文章(已在省内刊物发表)的创作来源于她的 "神助",如(《人民教育 2018年 12 期》)中《重申教师家访的教育意义》这篇文章就提升了我对家访的教育理论认识,再结合集团化办学各校区开展的家校合作的一些实际做法,整理提炼总结成《发挥家访作用 重视家校合作》具有借鉴意义的家校共建做法的文章,这篇文章即将在期刊上发表。正如她所说:坚持教育写作一定能让你变得更优秀。

有人说,你现在的气质里,藏着你走过的路,读过的书,爱过的人。我想她作为我多年的知己,见证了我的成长变化,内心应是欣慰的,而我内心早已把这位知己荣升为我的幸运之神了!

成为校长,承担了更多的责任和压力,平时在处理完应接不暇的教育教学事务后,我还是留有一段和她独处的时光。

走上校长岗位的一段时间里,内心忐忑不安,自己角色转换后应具备怎样的能力呢?是她告诉我(《人民教育》2019 年 11 期《明确

优质教育方面 打造更优秀的教师队伍》）在校长成长过程的三阶段处于起始期时，要有应对阻力的能力；要独立思考，探索学校的发展规律，规划设计学校的发展目标；还要把队伍建设贯穿学校发展始终。领悟之后就像吃了一颗定心丸，我不再焦虑急躁，找到定位坚定步伐往前走。和她交流时，她时常就跳跃出这些思想："校长要有一种成长自觉，保持读书的劲头"、"校长最后比拼的，是自身的文化底蕴和综合素养"、"尽管校长有各种各样的工作，但应当把听课和分析摆在首要的地位。"这些话语时时敲打着我的内心，鞭策我要多维学习。作为教学出身的校长，对德育管理还存在自身短板，还是她循循善诱、积极引荐，让我足不出户领略了全国许多学校的德育实践经验。

学中做、做中思，借用她园中的一块一块打磨过的石头，哪怕是小石子，用心垒成符合自己学校发展需求的那块玉，我想她会笑着说：何乐而不为呢！

身为校长，难免有思想矛盾和冲突的时候，教师管理是靠"制度"还是靠"自觉"，学校文化应传承多一些还是创新要多一点呢，学校特色发展的关键是师资队伍还是制度建设。许多治校问题在脑中盘旋，与她畅谈时，她用深沉、冷静的态度平复我内心的浪潮涌动，我明白此时的她是让我学会自觉反思，用批判和质疑的思维对待某种教育理念和做法，用宽阔和超越的高度，从历史和现实的角度出发，结合教育实际，走出适合自己学校发展的那条路。此时的我和她"彼此独立又相互交融"，这不正是"核心素养"要求的能力和态度吗！著名教育家朱永新说过，专业阅读是站在大师的肩膀上前行。感激在前行中，让我遇见她！

在前行中偶尔我也会有些小情绪，有时觉得自己付出的多，得到的少；有了工作成绩，荣誉却不能落到我的头上；决策失利时，更多地归罪于别人；总是她，把一生追求教育真谛的教育楷模推送到我的身旁来化解我心中的情绪。看到（《人民教育》2019 年 20 期、《人民教育》2020 年 7 期）大篇幅介绍了人民教育家于漪老师的文章，让我在字里行间看到了一生用高度自觉的使命和信仰致力于素质教育实践的教育家形象。从于漪老师的身上让我深深理解了"捧着一颗心来，不带半根草去"的内涵。作为教育人要有正确看待自己工作成绩的理性和勇于担当责任的勇气！我从心底爱戴感激她——《人民教育》！她的责任就是一束坚守的光，一点一点照亮像我一样千千万万教育者前行的路！

我也不能把她独自享受"占为己有"！给学校的副校长中层干部讲述了我和她的故事，也给他们每人订阅一份《人民教育》，让更多的人知晓她的内涵，受益于她的帮助大家一起在她的照耀下向上生长，相信未来更有力量！

希望她接收我的祝愿：永葆青春，勇立教育潮头！

附录

作者印象

田敏

我与王燕校长真正相识于 2017 年。虽然在这之前就互相认识，但基本上没有多少来往和工作关系，彼时她在二中北塔初中分校，我在高中部，要么是每学期假期开大会，要么是北塔有大型教育教学活动，见上一面……2017 年银川市政府在滨河新区（当时的称谓）新建了一所初级中学，并且委托银川二中管理，学校班子决定让我去当这个校长，我自参加工作以来一直从事高中教学工作，当这个校长真还有点心里没底，经过与高小军校长商议决定从北塔、景博抽调几名精兵强将，从而组成这所新学校的架子。

王燕校长就是这时经过商议从北塔中学挑选到新的学校任副校长的。学校刚成立一切都要从头开始，我主要谈谈她给我留下深刻印象的三件事。

第一件事，新学校成立了，周边老百姓并不了解，为了宣传提高学校的知名度我请王校长写一个"银川二中滨河分校"的介绍，好像第二天她就把写好的文稿放到了我的办公桌上，我一口看完非常过瘾，她用诗赋般的语言把这所刚刚成立的新学校从学校文化传承、师资队伍建设、硬件设施配置等等，方方面面作了详尽介绍，语言清新优美，逻辑严谨，极富感染力，洋洋洒洒几千言可以说既有质量又有速度，如果我没说错的话，时至今日大伙在景城一中网站上看到的关于学校介绍的基础文字，还是当年王燕校长写的。王燕高水平驾驭文字的能力和雷厉风行的工作热情由此可见一斑。

第二件事，大家知道学校的生命线就是质量，老百姓不管你是二中还是几中最终让他们信服离不开学校管理、教学质量等硬指标。为了质量我们不得不把两位副校长排在初三毕业班任课，作为主管学校教学的副校长，要把刚刚从全国各地调来的几十名各学科老师，凝聚起来形成自己独特的学校文化，要立多少规矩？做多少具体的事？凡管理过学校的同仁大家心里都清楚。本来事就多但毕业班要质量，课堂教学又不敢打任何折扣，最终王燕当年所带班级语文学科的平均分、优秀率在银川市各初中学校都名列前茅。

第三件事，执着勤奋的学习品质和直面问题的认真态度。从我们一起工作直到她离开学校到银川二十中任校长，在两年多的交往中，这是王燕留给我的很深的印象，急匆匆的步履，对相关违规行为的严肃批评……忙于上课、看书、总结、听课、谈话……我认为这是一个成功的教育教学工作者应有的精神，王燕就是这样一个人。因此，无论她到哪里，都是一步一个脚印，都是踏踏实实，都是收获满满！

最后，写一首七绝作为结束语，祝王燕校长在哺贤育能的伟大事业中，取得更加辉煌的成绩！

送王燕（通韵）

辛勤工作几十年，桃李无言自有天。

妙语课堂教弟子，校园管理肯登攀。

田敏，银川二中退休教师，自治区特级教师、正高级教师。曾任银川二中党委副书记、副校长。

亦师亦友——写在王燕校长专著即将面世之际

张建东

"小黄，按顺序组织大家有序就座，做好服务……"一个中年女人正在给面试工作人员临时布置着工作。她五官分明，有棱有角，目光炯炯有神，明亮而坚毅，说话有条不紊，干脆利落，语调平稳却渗透着一种不容反驳或置疑的气场，这是定格在 2014 年 6 月底的一天的人物速写，是王燕校长给我印象最为深刻的瞬间写照。

那天，我来北塔中学面试，上面的场景便发生在北塔中学老校区北阶梯教室内。后来，我们成了同事，她便成了我的领导。

进入一个新的工作环境，尤其是从一所偏远乡镇中学进入一所省城中学工作，兴奋而又紧张，工作行事处处小心，生怕有纰漏，故此对领导的话也特别用心去领会，百分百执行。那时候，接触最多的也就是教务主任王燕，所以她对我们这些新人的引领也是最多的。说是接触，实则多是听她布置工作、讲要求、检查作业教案、听评课说实话，虽然来北塔中学之前我也曾做过几年的教务主任，但心里仍然忐忑，时刻担心哪天被她查或是被听课，因此工作丝毫不敢懈怠，想必其他老师大抵也是如此吧。紧张而有节奏的教学教研活动从开学第一周开始便一直延续到放假，听评课、教师基本功大赛、教学设计评比等一系列活动一项接着一项，不停地"折磨着"我们这些刚选调进来的新老师。校内折腾还没消停，我又被她钦定出去送课，当然要求也很高，只能成功不能失败，于是送课前在校内各种磨课，每一次公开课几乎都把平行的所有班级全磨遍，当送课结束，受到同行高度赞扬时，我激动得泪水在眼里打圈，是艰辛，是幸福，更是历练与培养。按照她的要求，那时候全校每位教师每学期必须至少要上一节公开课，从那时候开始的"三课"——骨干教师示范课、青年教师展示课、徒弟教师汇报课一直延续至今，依然是北塔中学的传统教研项目。现在想来，正是她的严格要求和不间断的历练，才有了一批能吃苦，有担当，业务素质过硬的骨干教师，如今他们已经成长为北塔中学的中流砥柱。

　　后来，我做了年级组长，又做了教务副主任，在同一间办公室里坐在她的对面办公。从2016年初到2017年暑假，我开始全方位地介入学校的教学和教研管理工作。其间，王燕主任给予了我很大的支持和帮助，带着我设计规划教学教研活动、教我如何将常规教学抓细抓实，尤其令我折服的是她提前将九年级工作细化到了每一周，甚至是每一天，扎扎实实按照计划落实每一天的工作，有计划、有督查、有总结、有反馈，从她身上我不仅学习到了很多宝贵的管理经验，还被她精益求精、永不言败的敬业精神所征服。在做好管理工作的同时，她总是以身作则，冲在教学第一线，要求我们上公开课，她自己一节也不落下，所带班级的成绩也一直在全年级名列前茅。在老师心中，她永远是最要强最厉害的那个"燕姐"，在学生心中，她同样是最可亲可敬的"燕姐"。正是因为工作科学细致务实，2016年中考，新生的北塔中学一炮走红，上线率、均分等均位居银川市公办学校第一，为学校的后续发展奠定了坚实的基础。

　　再后来，我接过了她的接力棒，而她去了景城一中做了主管教育教学的副校长，联系虽少，但关系甚好。到了2018年11月，我做梦一样去了银川二中二十中分校做了主管教学和教科研的副校长，而她则做了二十中分校的执行校长，我们又一次并肩作战了！说并肩作战，其实是我高抬自己了，因为始终是她在引领着我一路向前。如果说，在北塔中学的共事期我从她那里学到的是踏实的工作作风和精益求精、不服输的工作精神，那么，在二十中校区的共事期，我从她身上学到的则是谋篇布局、运筹帷幄、统揽全局的魄力和智慧。从中层干部的选拔与配备到教育教学常规的抓细落实，从对学生仪容仪表、行为习惯准则的要求到校容校貌的彻底改观，从对校园文化的挖掘提炼到学校整体教育教学水平的稳步提升，我与她一道参与也见证了二十中校区由一所比较没落的学校成长为兴庆区前三甲的学校。从 2018 年 11 月到 2022 年 7 月，四届中考，一年一个脚印，稳扎稳打，教育教学水平逐年上升，2022 年中考，二十中校区上线率、优生率、均分等均有大幅提升，位居兴庆区前列，得到了学生、家长、教育主管部门和社会的广泛认可。

如今，王燕校长又接过了集团交给她的另一项重任，凭借她丰富的工作经验、坚韧不拔的毅力、精益求精的工作精神和运筹帷幄的管理能力，我们有理由相信她将不负重任！在她身上，永远有值得我们学习的地方！

王燕校长于我，亦师、亦友。

张建东，银川二中北塔分校执行校长，自治区拔尖人才，自治区创新素养工作室主持人，自治区骨干教师。

霁月清风语文人

杨燕

2013 年，我来到银川，参加自治区第四批骨干教师培训，同时进入银川二中新建的一所初级中学——北塔中学任教。这对于我的人生是一件富有转折意义的事情。在这里结识了对我人生有深远影响的王燕校长。

我们一起经历了北塔中学的起步阶段。我继续班主任和语文教学工作，王燕主任主要负责学校教务管理工作。在这之前她已经在全国大赛上拿过一等奖，也是有多年管理经验的名班主任，大家对她很服气。学校白手起家的阶段，事无巨细，她很像一个大家长，操持着学校的里里外外，工作远不止教务这一块。13 年入校的老师基本都是选调，大家来自各个地方，没有家，没有吃饭的地方，一边上班，一边跑调动，很是艰难，难到有些时候都想放弃。主任用"好事多磨"宽慰大家，帮大家定心。有一天她从家里给大家带了大盆羊羔肉，凉拌萝卜丝，一楼送完送二楼。大家头碰头吃着家里饭，就有了一家人的感觉，这份初来北塔的归属感给大家许多温暖和鼓舞，也成为这所学校，这个单位的温度。

2014 年，我有幸被推选参加"中语杯"中青年教师教学大赛，这对于一名语文老师和一所新学校都是大事。主任本是语文人，像个师傅，从选课、备课，到磨课、做课，给予了细心的指导和全程的陪伴。要考虑老师的个人气质、风格，考虑课例的设计、学生的活动；考虑语言的锤炼、细节的打磨……在这之前我还不知道什么是磨课，王燕主任用自己的全部经验帮助我。记得有一次我去她办公室，在门口就听见她和区教研员李泽琪老师通话，李老师说：给孩子安顿一下，语气可以再柔和、柔软一些，这个孩子说话还是有点硬。后期我听自己的课堂，也明显地意识到这一点，开始着力改变自己说话的方式。我们带着打磨好的《春酒》去湖北荆州，见到了语文界的大咖余映潮老师、黄厚江老师，并得到了老师们的点评，课例最终获得一等奖。这对于我的语文教学生涯意义非常。回程路上，夜行长江，辗转难眠：想想主任对我的帮助，小而言之，是为了刚起步的北塔，亟须一些光芒荣誉点亮征程。大而言之，是出于一个语文人对语文的热爱，对后辈的热忱。说到底，是语文人身上的赤诚，她希望语文人身上带着"霁月清风"的气质，北塔语文组的组名就是"清风霁月语文人"，这个组名一直沿用至今。

2016 年，历经三年发展的北塔中学迎来第一届中考。领取成绩那一天，老师们都早早到学校等候。大家聊着三年学校发展的过往，老师的变化，学生的进步，校园周边环境的改善。从一穷二白到初步完善，其间各种滋味。电话那边传来开门红的喜讯，许多老师情难自已。大家在校门口用鞭炮摆好了"心"字，等待庆祝。我清楚地记得王燕主任拿着成绩洒泪向我们走来的一幕，没有全情付出的人不会理解这里面有多少辛酸、不易、激动、欣喜……就像一个人精心守护着自己的孩子，终于看到了可喜的成长。单位对于一个人到底意味着什么？谋生的人，收获的就是每月的薪资；用心履责的人，收获的是奋斗、尊严、成就感和价值感。

此后，王燕校长辗转景城一中、二十中、北师大银川学校。做了校长更加繁忙。但也时不时询问我们的成长，给予一些指导和建议，她是一个长情的人。

2022年十月份，王燕校长打算录制一节精品课。我的最初想法是：校长够忙了，像她这样经验丰富的老语文人，选好课录就是了。后来我多次收到校长的教学设计，课件，让我们再给仔细看看，细到字体、标点。我看到的成品课例已经很好了，她依然让我们给反复听，有一点瑕疵都要修改，几次录课修改都到半夜。我心里是欢喜的，终究还是语文人的底色，终归在执着于自己的专业追求；我心里也是钦佩的，出走半生，少年初心愈加坚定，凡事不做则已，做，就要精益求精，做到极致！

十年来，许多人事变化，与谁相遇，与谁同行，几点影像浓缩着人的成长，学校的发展。我们都未长大，我们也从未放弃成长。做纯粹的语文人，霁月之明，清风之新，当是永恒不变的追求。

杨燕，银川二中北塔分校副校长，自治区骨干教师，银川市学术技术带头人，银川市初中语文梯级名师工作室主持人。

相识到相知，我眼中的王燕校长

唐艳荣

　　大概是缘分使然，我与王燕校长相识是在 2018 年万物复苏的春天，在那美丽的银川二中滨河分校景城中学的大校园里，那是我俩第一次相见。我们学校派我去讲一节"一师一优课"的展示活动，当我站在讲台上碰到王校长喜悦的目光、微笑的脸庞，瞬间让我没有了紧张的感觉，在展示活动中获得了师生的一致好评。

　　没想到很快就与她再次相遇在我们学校——银川市第二十中学的大礼堂里，让我颇为惊喜，尤其是她带来的就职演说，全程脱稿，侃侃而谈，娓娓道来，听得我都入迷了。当时心里想：她到底是怎样的一个校长呢？

　　四年多的时间，从相识到相知，为我揭开了这个答案。

　　她是一个真抓实干、爱校如家的校长。来到二十中正好赶上学校快速发展阶段，这一路走来，艰辛、汗水、泪水、喜悦时刻相伴。四年内，学校粉刷了墙面，修建了综合楼，铺设了水泥路面、道板，改造了篮球场、排球场，整理了操场、绿地。无论严寒酷暑、刮风下雨，还是正常上班、节假日，在学校总能见到她的身影。因为她坚信：爱一行干一行，会挑挑拣拣；干一行爱一行，才能踏踏实实几年下来，学校工作取得很大成绩。经过全校师生共同努力，学校各项工作更加突出，在兴庆区广受好评。

　　她是一个追求卓越、务实创新的校长。在二十中育人的讲台上，王校长提出了"一核两翼 3454"智慧课堂教学模式，形成先学后教，以学定教，以教导学，精讲善作，个性化辅导的课堂，为教师的课堂教学提供智能助手，为学生的自主学习、个性化学习搭建平台。班班进行小组合作教学，师生结成一个学习共同体，真正实现了教师为主导、学生为主体的课堂新样态。同时印刷了我们学校属于自己的校本教材——"学练稿"，这是坚持以学生为中心的课堂变革的选择，是培养自主、能动学习者的成长档案。王燕校长与全校教职工坚持抓教学质量不动摇，学校教育教学成绩稳步提高，连续三年中考位居兴庆区前三名，学校被评为健康教育示范校，文明单位，被评为兴庆区课程与教学工作先进单位。

她还是一个有温度的校长。任职期间以质量为目标，从细节入手，以活动为抓手，努力构建和谐的人际关系；主动深入到学科组、级部，与教师拉家常，谈工作、解决困难、处理矛盾、协调关系在探索学校前进发展的过程中，她带领学校教师走特色发展之路，精心组织教研活动，开展学校大教研，学校教研成果上了大台阶，教师多人次在全国、自治区、银川市教学比赛中获奖。通过一系列的活动将老、中、青教师团结起来拧成一股绳。关心温暖老教师的同时，更加关注青年教师的成长和引领。王校就像是我们的一束光，就是在她的点亮和指引下，让我一路迅速成长起来。记得王校赠送我一本名为《班本课程概论》的书，我一直惠存至今，不时翻阅学习，收获满满，也甚是怀念与王校长从相识到相知的点点滴滴。

她也是一个不忘初心，守教学一线的校长。好的领导，不仅要善于用语言打动人，更重要的是要用行动感召人。凡是要求班子成员和教职工遵守、执行的规章制度，王校长首先遵守、执行，凡是要求班子成员和教职工做到的工作，她带头做好。她坚持与普通教师一样教学，晚上还要坚持到班级辅导学生，以教师的身份做好各项教学工作。

同时还积极投身于课改、教改,积极参加学科组教研活动,带领教师推行课堂教学变革,并进行微课制作与翻转课堂的探索实践。正是在这种勤奋务实、乐于追求敬业精神的感召下,全体教师纷纷投入到教研教改,教师团队团结奋进、作风优良、教学扎实、战斗力强,确保了教育教学质量的持续稳步提高。

一个学校就是一个人的世界,王校长的世界很大,也很与众不同,就像她在文章中写的那样,"满世界都是路,我选择自己的脚步",她的脚步,是"采得百花成蜜后"的博采众长,也是"天光云影共徘徊"的清澈如许;是"咬定青山不放松"的依然如故;也是"千磨万击还坚劲"的悠然自得;还是"梅花香自苦寒来"的痴心坚守。

人生之路,追梦依旧;不忘初心,堪为人秀!这就是我认识的王燕校长!

唐艳荣,兴庆区骨干教师,银川市优秀教科研工作者,荣获全国"一师一优课"、自治区精品课、空中课堂一等奖。

幸甚至哉 得有此师

余婵琦

半慕半尊伴一程

流年婉转，日日潜行。初一的金秋，她踏风而来，推动我们的命运齿轮徐徐转动讲台上的她，干练的短发，眼中充满了光，她进入了我们的世界，成为了我的引路人。

她曾在文学的瀚海遨游，站在三尺讲台，心中早已装下了无数的故事她似乎认识每一位文豪诗人，通晓每一个诗句背后藏着细腻的情愫，她带着我们领略李太白的明月，苏东坡的赤壁，牡丹亭的梦幻，长生殿的誓约……她总能阐明这些故事背后的原因与道理。她讲述字字句句的背后，是多少日日夜夜的汇聚与拼凑。布满笔记的备课本，写满讲义的教科书，她不言艰辛与劳苦，只愿在我们的脑海中深深烙下知识的印记，只愿留给我们的是汉字之美、文化之美、语言韵律之美、人性之美、理性思索之美……"摇落深知宋云悲，风流儒雅亦吾师。"不满三尺的讲台，书不尽斐然文采；不盈足寸的粉笔，写不尽她的呕心沥血。夫子循循然善诱人，博我以文，约我以礼，欲罢不能。

半师半友半知己

吾师如灯是一种幸运，更是一种温暖。数百个日夜，她既是我的老师，又是我的"大家长"，更是我朝夕相处的亲密战友。她会在漆黑的清晨，"派发"自己家的热乎包子和鸡蛋给没吃早餐的同学。她会抱着家里的电视机，让班里的"球迷"一睹世界杯的精彩。她会在课堂外，为我们过生日会，骑车去黄河岸边，感受"大漠孤烟直，长河落日圆"的绝美景色。2003年，非典来势汹汹，我们被迫停课20天，在那个还没有视频课的年代，她不厌其烦地在电话里督促我们，抓紧时间，安心备考。中考结束的那个下午，她一袭红裙，成为我心中最美，最难忘的陪伴。

半训半育半母亲

她曾在班里立下许多条"不准"，成就了我很多学科达到了优秀的"标准"。她曾因上课迟到，课后会找谈话，这样的严格让我养成不迟到的习惯。她教育我们尊敬师长，团结同学。十来年后的我"受领导信任，受同事欢迎"。严师出高徒，事事更律己。用不近人情，换我秉节持重。少年轻狂，我或许不懂，但入世沉浮，我想对所有人说："有一种炫耀，叫'我的老师很严厉'。"

她更像一位母亲，从青丝到白发，依然在灯下。梦想与彷徨，无助与渴望，喜悦与怅惘，走过修身之境的千山万水，她依然还在我的身旁，陪伴我成长。爱而不语，静水流深。她用人生经验为我引路。温柔也好，严厉也罢，中年的我读懂了背后的良苦用心，它比清和的春风更加温暖，比漫天的星辰更加璀璨！

二十年前，13岁的我有幸遇见她；受她的影响，30岁的我，长大后，我成为了你，与恩师并肩耕耘教坛。更迭的是岁月，不变的是传承……雨细风和润桃李，笔酣墨浓写春秋。两代教育人，同一个教育梦。

余婵琦，银川市实验小学一级教师，荣获全国"一师一优课"、自治区精品课、空中课堂一等奖。

学生眼中的王老师

张越

回首细想，距离中学生活至今已有 13 年，漫长的求学之路上虽不乏困难与挑战，但仍然使我乐在其中，思索其原因与中学时代所培养起来的乐观精神有密不可分的联系。成长过程中班主任王老师严谨认真的教学态度、精益求精的工作作风以及平易近人的人格魅力都对我影响深远，在此，谨向王老师表示崇高的敬意和衷心的感谢！

语文作为人文社会学科中的重要课程，对于中学时期我价值观以及情感态度的培养有重要的作用，而这正得益于王老师的悉心教导。印象中，讲台上的王老师总会用生动形象的例子来引导我们体会课文中所表达的思想，这种互动、探索式的教学使我对每一堂课都充满期待。然而，轻松活泼的课堂气氛中也时刻体现着王老师严谨和细致的治学态度，我依然记得课堂上对于概念的辨析、文脉的梳理以及行文的结构，王老师总是严格要求我们牢固掌握，正是这种长期的训练和熏陶，潜移默化地培养了我对于学术的敬畏与渴望。

在学习之余，王老师始终强调我们要注重综合素质的全面发展。每当我有困惑或是烦恼时，王老师总会及时发现并耐心地疏导，也使我能够对于成长过程中遇到的些许问题得以释然和正视。我依然能够清晰地回忆起班级元旦联欢会时，王老师为大家准备的蛋糕并向大家演舞蹈节目，在同学热闹的欢呼和掌声中，我发自内心地为身为王老师的学生而感到幸运。王老师鼓励我们每一位同学都积极地参与项体育活动，尤其是在临近中考时，也每天激励我们在课间进行体育锻炼。身处于温馨的班级环境中，每位同学的优势和潜力都得以发掘。

三年的中学生活在充实的学习中度过，每日的朝夕相处也使我和王老师之间不仅是传统的师生关系，更像是朋友一样。王老师传递给我的一种积极乐观的态度和一丝不苟的精神是我宝贵的人生财富，同时也激励我在求学的道路上继续前进。如今能够有幸继续从事自己所热爱的研究，虽然困难与挑战的解决和完成远未完美，但我丝毫不怀疑自己对学术和生活的热情，而中学阶段王老师对我"语文素养"和"精神情感"的培养正是我如今砥砺前行的精神动力。再次感谢王老师在我成长道路上给予的指导与鼓励，中学时光虽停留在 2009 年，生活还要继续写，愿我们都在努力拼搏的日子里熠熠生辉。

张越，2012 年毕业于银川三中，2015 年毕业于银川二中，现北京师范大学博士研究生。

我心中的王老师

马文朴

距离我初中毕业，已经过去足足六年了，那是一段小芽初长成的岁月，是一个小朋友试探着学步的历程，那时候被大树庇护着成长，被老师引领着前进，才不算是踽踽独行，才在这一路上走得自信而坚定。而王老师，就是我独一无二的引路人。

我记不清有多少次，王老师把改好的作文递到我手里，告诉我，告诉全班同学，我写得很好，以后也要这样写，那是我最得意的时候啦。在之后读高中的时候，我的语文老师也总是这样夸赞我，并且赞叹我的文字功底很扎实，我总是在心底想起我曾经这段作文路上启蒙的岁月，想起王老师伏案给我朱批时微微卷曲的头发，多少时光荏苒而过，而那一瞬间在我心中却是历历清晰。

后来读书的时候，总保留着王老师曾经教授于我的习惯。仍习惯着一个月读三到四本书，我父母总笑我一个月买书就得花费好几百块，习惯着用铅笔做批注写心得，习惯着一边读书一边摘抄，如果读书时候没有笔记本和笔就会浑身难受，习惯着吟诵古诗文瞻仰前人风采……太多太多，一身文艺气息皆从您处习来。

前段时间做梦又梦回那个小小校园，那间走廊尽头的教室，记起您查我们作业时的严肃模样，让我们把作业拿出来检查，我那时候的同桌王瑞喆总是不写作业，您象征式地敲了他两下手，怒其不争地瞪着眼睛要他好好学习，我那时候能感觉到的，您的心疼。

十二三岁的学生，心智未成熟，多数不懂得考一个好高中的重要性，只知道一味玩乐。您看得多了，您也就气得多了。那时候查作业，班里总有十几个同学作业不写或者"不带"的，后来大家也知道您严厉，即使应付着也得补全，其实这样也好，总归是过了遍手，多少学了点的。

您一面是严父，一面是慈母。在学业上精益求精，绝不放弃任何一个学生，倾尽全力也要让我们有最好的高中去读。在生活和娱乐时间里，您又与我们玩笑，在少男少女情窦初开的年纪，多少暧昧的萌芽被您调侃，又与我们语重心长讲述爱情、讲述什么是真正的爱，说您是我的恋爱导师也不为过了。

后来我高中文理分科，选择了理科，我还记得告知您时您和张老师的震惊，大约是从来没有想过一个文艺少女竟然真的能去学理。您虽然不太理解，但您也支持着我飞往更广阔的天空。再后来高考报志愿，我选择数理极其困难的精算专业，走上了一条真正和数字为伍的道路。

这看似与当年文艺少女的梦想背道而驰，但是文学依旧是我的好伙伴，我会在学习疲惫时候写写歌词，把我的心情全部流淌进乐符中去，会在计算得头晕眼花时拾起文史哲书籍，它们给予我的是莫大的勇气，我回想起曾经用笔尖流淌我文字的光辉岁月，又在前路上与人类伟大灵魂交谈着，我感到的是前所未有的笃定。

毕业后总是想要去拜访您，因为是无论怎么回想，都觉得如果没有您昔日的教导和鼓励，就不会有如今自信的我。您的赞美对于曾经那个小萌芽来说，是沃土、是甘霖、是阳光、是清风，您的教导对于一个颤颤巍巍学步的少女来说，是一双温暖的手、是方向的指引、是前路的光。

马文朴，2016 年毕业于银川北塔中学，现就读于湖南大学金融与统计学院精算学专业。

家长感谢信

尊敬的校长：您好！

新学年开学之际，在我的女儿冯杨高高兴兴地开始中学的学习生活时，我们全家怀着激动的心情，向培养我女儿的银川三中、班主任王燕老师表示衷心的感谢：感谢三中教书育人并重的教育使我的女儿实现了令人欣喜的转变！感谢王燕及各位代课教师的辛勤栽培使我的女儿顺利地跨过中考的门槛，满怀自信地踏进高中的校门。

公平地对待学生，使每一个学生得到平等的尊重。王燕老师从不以"好""坏"为标准对学生进行划分，因而使学生都充满热情和自信。我的女儿进三中时学习并不算好，直到初中第二学年结束时，有一门功课还经常不及格，在班里处在40名左右。但是，王燕老师并没有放松要求，更没有只顾学习好的学生而放弃我女儿这样的学生。不管是大考还是小考，每次考完试，都像对待别的孩子一样，把我的女儿叫到办公室，分析考试的得与失，在学习方法、学习技巧上给予耐心指导。当孩子稍有进步时，就及时给予鼓励，帮助孩子树立起克服困难搞好学习的信心。

作为语文老师，王燕老师并非只强调重视自己的科目，而是引导和帮助学生学好所有科目，全面发展。每天放学前，她都要给班里学生听写英语单词，之后一一检查，直到学生背过。听女儿说，有一段时间，班里数学课成绩有波动，于是，在要求学生认真完成当天数学作业的同时，王老师每天给学生附加布置几道数学题，对提高学生数学成绩起到很好的作用。

致力教书，倾心育人。在教学工作中，王燕老师把教书与育人紧密地结合起来，使学生在励志做人中增长知识，在增长知识中树立和坚定远大理想。王老师经常给学生讲鲁迅的爱憎分明及其磊落的人生追求，讲朱自清不为洋人的施舍而折腰保命的铮铮铁骨和维护民族尊严的人格魅力。在讲到傅雷家书时，王老师结合相关内容，不厌其烦地给学生讲"胜不骄、败不馁"的可贵，讲百折不挠的毅力对人生的重要春风化雨，润物无声。我感觉，我的女儿正是在这种潜移默化的教育中渐渐坚强起来了，更加懂事了。

教书育人中王老师是严师，日常生活中王老师如慈母。为了学生的身体健康，她要求孩子少吃零食，多进正餐，一再提醒家长和学生认真对待早点。有一次早上上课，我女儿低血糖差点儿昏过去，王老师知道后，立刻给冲了一杯蜂蜜水，缓解了症状。在参加中考的前一天晚上，王老师又不辞辛苦地给我女儿及每一位学生打电话，叮嘱考试注意事项。考试期间，王老师冒着酷暑，始终坚守在考场外，直到同学们顺利地参加完所有科目的考试。作为一名老师，在搞好教学的同时，在生活上对学生如此关爱、如此负责，实在令人感动。

教育是伟大的事业，人的命运决定于教育我庆幸我的女儿在自己黄金般的初中阶段在三中度过，庆幸在她一去不返的初中三年时刻有王老师教导。经过王燕等代课老师的精心培养，我的女儿合格地完成了初中的学业，学到了初中阶段应学的知识。更可贵的是，在孩子人生观形成的重要阶段，王燕等老师始终像一座灯塔，坚定而明确地引领着我的女儿在人生海洋中沿着正确的航向前行。还有什么比这更重要的呢！

我再次郑重地道一声：感谢银川三中！感谢王燕老师！

冯杨父亲：冯涛

2006 年 8 月 24 日